CW01508495

Sombras da Morte: Histórias Reais

Ttud Ayir

Published by pinky, 2024.

While every precaution has been taken in the preparation of this book, the publisher assumes no responsibility for errors or omissions, or for damages resulting from the use of the information contained herein.

SOMBRAS DA MORTE: HISTÓRIAS REAIS

First edition. October 28, 2024.

Copyright © 2024 Ttud Ayir.

ISBN: 979-8224667802

Written by Ttud Ayir.

Sumário

Prefácio

Nos intrincados meandros da natureza humana, a linha que separa a bondade da maldade é frequentemente tênue. É nesse espaço obscuro que as histórias que compõem este livro ganham vida, revelando os rostos de indivíduos que, sob a aparência comum da vida cotidiana, esconderam horrores inimagináveis. "Sombras da Morte: Histórias Reais" não é apenas uma coleção de contos sobre crimes, mas uma exploração profunda das motivações, fraquezas e psicologias que levam pessoas comuns a se tornarem monstros.

A decisão de escrever este livro nasceu da necessidade de compreender melhor os aspectos sombrios da sociedade. A curiosidade humana sempre se voltou para o macabro, e as narrativas sobre assassinos em série e crimes brutais fascinam e horrorizam ao mesmo tempo. Através de uma pesquisa minuciosa e uma narrativa envolvente, buscamos iluminar não apenas os atos hediondos cometidos, mas também as circunstâncias que moldaram essas vidas antes que se tornassem sinônimos de terror.

Em cada história apresentada, o leitor encontrará um retrato íntimo dos protagonistas. Histórias como a de Juana Barraza, a mulher que se tornaria uma temida assassina de idosos, revelam as traumas da infância e os desafios da vida adulta que moldaram seu caminho. A trajetória de Kristen Gilbert, que usou suas habilidades como enfermeira para manipular e matar, desafia as noções de confiança e segurança que deveriam existir nas instituições de saúde. E a vida de Jeanne Weber, que se tornou conhecida como uma assassina de bebês, revela o quão insidiosa a maldade pode ser.

Essas histórias não são meras narrativas de crimes; são reflexões sobre a natureza humana e a fragilidade das relações sociais. Cada capítulo traz à tona questões éticas e morais, desafiando o leitor a ponderar: O que leva alguém a cometer atos tão violentos? Como a sociedade pode falhar em proteger os mais vulneráveis? Existe um

1

ponto de não retorno na mente humana, onde a compaixão se transforma em crueldade?

Através de relatos verídicos e detalhados, o leitor será convidado a entrar em um mundo onde o normal e o grotesco coexistem. Em "Sombras da Morte", a intenção não é glorificar os crimes, mas sim aprofundar-se na psicologia dos criminosos e no impacto devastador que suas ações têm sobre as vítimas e a sociedade. O livro é um convite à reflexão, à discussão e à conscientização.

Por que ler este livro? Porque as histórias aqui contidas não são apenas relatos de crimes, mas uma oportunidade de entender o lado obscuro da natureza humana. Elas nos forçam a confrontar verdades desconfortáveis sobre nossa sociedade, sobre os sistemas que falham em proteger os inocentes e sobre como, muitas vezes, o mal se disfarça sob a fachada da normalidade. Este livro é um alerta sobre a vulnerabilidade das estruturas sociais e a importância da vigilância em um mundo onde a confiança pode ser facilmente traída.

"Sombras da Morte" é uma obra que não só narra, mas provoca. Ao ler este livro, o leitor se depara com o dilema moral que essas histórias representam, uma luta contínua entre o bem e o mal que existe em todos nós.

Ao adentrar estas páginas, prepare-se para uma jornada perturbadora e reveladora. As histórias contadas aqui são um testemunho do que pode acontecer quando a dor e o sofrimento se tornam a norma, e a humanidade é esquecida. Através do entendimento, esperamos que possamos aprender a prevenir tais atrocidades no futuro, e que a leitura de "Sombras da Morte" inspire uma reflexão mais profunda sobre o que significa ser humano.

Assim, convidamos você, leitor, a mergulhar neste compêndio de histórias que são, ao mesmo tempo, um testemunho da fragilidade da vida e uma análise da escuridão que pode habitar entre nós.

—Autor

1. A Escuridão de Rosemary West

Rosemary Letts nasceu em 29 de novembro de 1953, em Northam, Devon, numa pequena casa onde o caos e a brutalidade eram a rotina. Desde pequena, seus olhos registraram a dureza de um pai severo, Bill Letts, um homem que, com seus acessos de raiva, transformava qualquer ambiente em um campo de batalha. Ele descarregava suas frustrações e autoritarismo em sua esposa Daisy e nos filhos, sem qualquer limite. Rosemary cresceu nesse ambiente sombrio, ouvindo gritos, temendo gestos bruscos, e, muitas vezes, testemunhando seu pai cruzar fronteiras que uma criança não deveria conhecer.

Na escola, a situação de Rosemary era outra extensão de seu tormento. Ela estava sempre distante, como se carregasse nas costas o peso de um segredo terrível. Sua mente, cheia de angústia e medos não resolvidos, dificultava a concentração, e as notas sofridas refletiam o caos que ela vivia. O olhar perdido, as roupas sempre desalinhadas e o jeito desconfiado afastavam os colegas. E como se não bastasse, seu pai exercia um controle doentio sobre ela, gerando rumores assustadores sobre comportamentos inadequados que a isolavam ainda mais. A menina que crescia sob o domínio de Bill Letts logo se tornaria uma mulher marcada por uma escuridão interior tão vasta quanto o próprio inferno.

Na década de 1970, a vida de Rosemary mudou drasticamente quando ela conheceu Fred West. Fred, um homem mais velho com um passado repleto de violência e crimes, tinha uma personalidade inquietante, quase magnética, que atraía e ao mesmo tempo repelía quem o conhecia. Ele era o tipo de pessoa que sabia como usar seu charme para mascarar as sombras que o cercavam. Rosemary foi tragada pela personalidade sombria de Fred, e o vínculo entre eles se formou rapidamente, alimentado por uma atração mútua pelo lado mais obscuro da vida. Fred já era um criminoso conhecido, com um histórico

3

de furtos e abuso sexual, mas, em Rosemary, ele encontrou alguém que não só aceitava seu lado sombrio, como estava disposta a mergulhar nele.

Em 1972, eles se casaram, e o casal passou a viver na agora infame casa em 25 Cromwell Street, em Gloucester. Do lado de fora, eram vistos como uma família comum. Os vizinhos viam Rosemary cuidando do jardim, os filhos brincando, e até escutavam suas risadas ocasionais. "Ela parecia uma mãe normal," lembrava uma vizinha, sem jamais imaginar o que se passava atrás das portas fechadas.

Dentro daquela casa, porém, os horrores se desenrolavam. Juntos, Fred e Rosemary montaram um verdadeiro "cenário de terror", sequestrando, torturando e abusando sexualmente de jovens mulheres que, na maioria das vezes, eram atraídas pela aparência inocente de Rosemary. Ela era o primeiro rosto amigável que as vítimas viam ao entrar naquela casa. Lá dentro, a máscara de normalidade rapidamente desaparecia, dando lugar a uma brutalidade inimaginável. As vítimas, depois de dias de agonia, eram mortas e enterradas no porão ou no jardim da casa.

Uma das passagens mais sombrias do histórico de atrocidades de Rosemary foi sua participação no assassinato de sua própria filha, Heather West. Heather, que já suportava anos de abusos por parte dos pais, tornou-se um problema quando ameaçou expor o que se passava dentro de sua casa. A decisão de silenciar Heather foi rápida e brutal. Ela foi morta e enterrada no jardim, junto de outras jovens que tiveram o mesmo destino trágico. Quando sua própria filha foi enterrada em sua casa, Rosemary não demonstrou nenhum remorso. Ao contrário, ela continuava com sua vida cotidiana, como se nada tivesse acontecido.

Os anos passavam, e o casal West permanecia impune, escondendo suas monstruosidades atrás de um cotidiano meticulosamente planejado. Rosemary era vista pelos vizinhos como uma mulher reservada, que mantinha uma certa distância. Trabalhava em empregos simples e era reconhecida na comunidade. Era hábil em manter uma aparência que a afastava de suspeitas. No entanto, sob essa fachada de normalidade, sua verdadeira natureza continuava oculta. Em 1994, a polícia começou a investigar o desaparecimento de Heather West. A busca levou à descoberta chocante de corpos enterrados no jardim e no porão de 25 Cromwell Street, revelando a magnitude dos crimes de Fred e Rosemary. A investigação abalou o Reino Unido, enquanto os detalhes das atrocidades eram revelados ao público.

Durante o julgamento, a frieza de Rosemary espantou a todos. Ela negava categoricamente qualquer envolvimento, mesmo quando provas esmagadoras eram apresentadas. Testemunhas relataram como Rosemary participou ativamente do abuso e tortura das vítimas, mas, diante do tribunal, ela mantinha um semblante impassível, sem sinais de culpa ou remorso. Sua expressão gelada deixava claro para todos a profundidade da crueldade que habitava sua alma.

Fred West, que estava preso, escapou do julgamento final ao tirar a própria vida em sua cela. Rosemary, por outro lado, foi deixada sozinha para enfrentar a justiça. Em 1995, foi condenada por dez assassinatos e sentenciada à prisão perpétua sem possibilidade de liberdade condicional. O juiz descreveu seus crimes como "mal além da compreensão," palavras que ecoaram na sociedade britânica, deixando uma ferida que jamais cicatrizaria completamente.

O caso dos West expôs não apenas a maldade humana em sua forma mais pura, mas também as falhas de um sistema que deveria proteger as pessoas vulneráveis. Muitas das vítimas eram jovens que haviam caído nas brechas do sistema, perdidas, desamparadas, à margem da sociedade. A monstruosidade do casal West e o destino de suas vítimas geraram discussões nacionais sobre a maneira como casos de pessoas desaparecidas eram tratados e a necessidade de melhorias nos serviços sociais para proteger pessoas em risco.

Hoje, Rosemary West continua na prisão, um fantasma da mulher que um dia aterrorizou uma nação. Seu nome é lembrado com horror, um símbolo do pior que o ser humano pode ser. Mesmo depois de anos, ela ainda mantém sua inocência, negando qualquer participação nos crimes, apesar das evidências avassaladoras.

Para aqueles que a conheceram antes de sua prisão, a dificuldade em reconciliar a pessoa que conheciam com a mulher que se revelou uma assassina em série é imensa. "Ela era sempre tão educada," relembra uma vizinha com incredulidade. "Nunca imaginaria que ela fosse capaz de algo assim."

O caso de Rosemary West nos obriga a encarar verdades difíceis sobre a natureza do mal. Como alguém aparentemente comum, uma pessoa que poderia ser nossa vizinha, chega ao ponto de cometer atos tão monstruosos? O que motiva uma pessoa a atravessar a linha do abuso para o assassinato? Psicólogos, criminologistas e o público em geral continuam a buscar respostas, tentando compreender o que transformou Rosemary numa das assassinas mais infames do Reino Unido.

No fim das contas, a história de Rosemary West não é apenas sobre a descida de uma mulher ao abismo, mas sobre a fragilidade da confiança, os perigos do poder descontrolado e as consequências devastadoras de uma vida marcada por violência e crueldade. Seu legado permanece como uma ferida aberta na consciência coletiva, lembrando a todos dos horrores que podem se esconder por trás das mais inocentes aparências.

2. Legado de Theresa Knorr

Theresa Jimmie Cross, mais tarde conhecida como Theresa Knorr, nasceu em 14 de março de 1946, em Sacramento, Califórnia. Desde cedo, a vida parecia determinada a moldá-la de forma cruel. Nascida em uma família marcada pela pobreza e instabilidade, Theresa cresceu em uma casa onde o apoio emocional e financeiro eram escassos. Seu pai, Chester, era muitas vezes ausente, e sua mãe, Swannie, lutava com sérios problemas de saúde mental. A ausência do pai e as dificuldades da mãe criaram um ambiente negligente e caótico, que moldaria a visão de Theresa sobre o mundo e, mais tarde, sobre a vida de sua própria família.

A infância dela foi de sobrevivência. Ela vagava de escola em escola, sem estabilidade, e nunca teve a chance de se destacar ou desenvolver interesses genuínos. Sem orientação ou exemplo, a jovem Theresa cresceu emocionalmente distante. Seu coração foi ficando duro, insensível, onde o medo e o caos tomavam o lugar do afeto. Pouco a pouco, Theresa se tornou fria, manipuladora, com uma inclinação ao controle e uma frieza que assustava quem a conhecia de perto.

Theresa casou-se jovem, buscando uma estabilidade que nunca teve, mas os casamentos fracassaram, um após o outro. Teve seis filhos com diferentes homens, e cada relacionamento terminou de forma amarga. Quando seus maridos a deixaram, ela se viu sozinha, criando os filhos sem nenhum apoio. Não demorou muito para que ficasse claro que Theresa não era uma mãe cuidadosa. Pelo contrário, tratava os filhos com extrema dureza, utilizando controle, manipulação e medo para dominá-los. O que deveria ser um lar de amor tornou-se um verdadeiro inferno.

Na década de 1980, o comportamento de Theresa alcançou o nível de atrocidade. Sua paranoia cresceu, e ela passou a acreditar que seus próprios filhos conspiravam contra ela. Em sua mente distorcida, esses pensamentos justificavam as crueldades que ela infligiria. Theresa começou a se voltar especialmente contra suas duas filhas, Suesan e Sheila. Os outros filhos, aterrorizados e impotentes, eram obrigados a assistir e até participar dos horrores que se desenrolavam em casa. Tudo começou com Suesan. Theresa, em um de seus episódios paranoicos, acusou a filha de praticar bruxaria. Ela realmente acreditava que Suesan tinha lançado uma maldição sobre ela. Enlouquecida pela paranoia, Theresa decidiu que deveria "queimar o mal" da filha. Assim, confinou Suesan em um quarto, privando-a de comida e liberdade. E, quando a jovem já estava fraca e desesperada, Theresa foi ainda mais longe: pegou uma arma e atirou nas costas da própria filha, deixando-a agonizando sem oferecer ajuda médica. Suesan ficou semanas sofrendo dores extremas, enquanto sua mãe ignorava seus gritos e recusava qualquer ajuda.

No fim, em um ato de crueldade inimaginável, Theresa obrigou seus filhos a ajudá-la a se livrar do corpo de Suesan. Eles foram forçados a levar o corpo até o deserto e queimá-lo. A cena grotesca deixou marcas permanentes nos filhos que sobreviveram a essa atrocidade. A partir desse momento, o medo de Theresa só aumentou, e a família viveu sob seu controle implacável.

Depois de Suesan, Theresa voltou sua ira para Sheila, sua outra filha. Acusava-a de ser promíscua e dizia que estava envergonhando a família. Theresa ficou obcecada com essa ideia e, em um momento de decisão sombria, confinou Sheila em um armário pequeno, sem ventilação, onde ela morreu lentamente de fome e negligência. Após a morte de Sheila, Theresa repetiu o mesmo ritual macabro: obrigou seus filhos a se livrar do corpo, deixando-os ainda mais traumatizados e sem esperança de escapatória.

Durante anos, Theresa conseguiu esconder esses horrores das autoridades e dos vizinhos. Ela mantinha uma aparência de normalidade, como uma mãe solteira lutando para criar uma grande família. Os vizinhos viam nela uma mulher perturbada, mas não faziam ideia da extensão de sua crueldade. Sua manipulação era tamanha que as autoridades nunca suspeitaram do inferno que acontecia atrás das portas fechadas de sua casa.

O caso só veio à tona em 1993, quando um dos filhos sobreviventes, William, finalmente encontrou coragem para contar a verdade à polícia. A confissão chocante de William deu início a uma investigação que desvendou o verdadeiro horror que Theresa escondia. Os detalhes revelados pelas autoridades eram difíceis de acreditar: duas das crianças estavam mortas, e as demais carregavam cicatrizes físicas e emocionais que jamais seriam apagadas.

Theresa Knorr foi presa e levada a julgamento. As histórias contadas pelos filhos no tribunal deixaram a todos atônitos. A corte e o público ficaram horrorizados ao descobrir o nível de tortura e abuso infligido por Theresa. A imprensa rapidamente a apelidou de uma das mães mais monstruosas da história americana. Durante o julgamento, Theresa manteve uma postura fria, sem mostrar remorso ou compaixão. Ela insistia que suas ações eram justificadas, como se tivesse o direito de punir seus próprios filhos de maneiras inimagináveis.

A investigação e o julgamento de Theresa expuseram não apenas sua crueldade, mas também as falhas de um sistema que deveria ter protegido suas crianças. Apesar dos sinais evidentes de abuso, ninguém havia intervindo. Esse caso chocou a sociedade e gerou um clamor por mudanças no sistema de proteção infantil. Como tantas crianças puderam sofrer tanto sem que ninguém notasse?

Em 1995, Theresa Knorr foi condenada a prisão perpétua sem possibilidade de liberdade condicional. A sentença deu aos filhos sobreviventes um mínimo de paz, mas os traumas de anos de abuso os marcaram profundamente. No tribunal, William e seus irmãos falaram sobre o inferno que viveram nas mãos da mãe. Seus relatos pintaram um quadro sombrio de uma casa onde amor foi substituído pela brutalidade e o carinho pela violência.

Theresa Knorr permanece na prisão até hoje, e seu nome é lembrado como um dos mais horrendos casos de crueldade materna já vistos. Sua história serve como um aviso sombrio sobre o mal que pode existir até nas relações familiares mais íntimas. Ela é um lembrete constante de que, em uma sociedade, é crucial estar atento ao sofrimento dos mais vulneráveis e não ignorar sinais de abuso.

O caso de Theresa Knorr desafia a todos a pensar mais profundamente sobre os abusos dentro das famílias. Como uma mãe pôde infligir tanto sofrimento nos próprios filhos? Como o sistema falhou em protegê-los? Essas são perguntas que continuam a ecoar até hoje, enquanto tentamos compreender a extensão dos danos que Theresa causou.

No fim, a vida de Theresa Knorr não é definida pelas dificuldades que enfrentou, mas pelos horrores que causou. Ela deixa um legado sombrio que nos lembra da escuridão que pode habitar até nos laços familiares mais próximos.

3. Uma Vida de Venenos e Mentiras

Tillie Klimek nasceu como Tillie Gburek, em 18 de setembro de 1876, na Polônia. Em sua infância, viveu entre dificuldades, marcada pela pobreza e instabilidade política. Sua juventude foi dura e desafiadora, mas o desejo de uma vida melhor levou Tillie a emigrar para os Estados Unidos, onde se estabeleceu nos bairros imigrantes de Chicago. Lá, era vista como uma mulher simples, quase invisível, cuidando das tarefas domésticas, conversando com vizinhos e fazendo doces em sua pequena cozinha. No entanto, por trás dessa fachada de avó bondosa, escondia-se uma mente calculista e mortal.

Os primeiros anos de Tillie nos Estados Unidos pouco se sabem. Contudo, ela casou-se diversas vezes, e a cada novo casamento, a morte rondava a vida de seus maridos. O primeiro a falecer foi John Mitkiewicz. Ele foi acometido por uma "doença misteriosa", e ninguém suspeitou de nada. Na época, as doenças eram comuns e a vida era difícil. Tillie parecia ser apenas uma viúva de coração partido, enlutada pela perda do esposo. No entanto, sua mente estava longe da dor do luto; ela começava a delinear um padrão sombrio.

Logo após a morte de John, Tillie se casou novamente, desta vez com Joseph Ruskowski. Porém, o destino de Joseph foi semelhante ao de seu antecessor. Mais uma vez, uma "doença" o acometeu. Tillie assumiu seu papel de viúva enlutada, mas por dentro, seu coração endurecido não sentia qualquer pena. Agora, duas mortes misteriosas se acumulavam, mas ninguém ainda suspeitava. Tillie, silenciosa, coletava os seguros de vida com uma frieza que passava despercebida aos vizinhos.

Já em seu terceiro casamento com Frank Kupczyk, Tillie não se conteve. Com mais confiança, começou a usar veneno. Era um método silencioso, que deixava poucas evidências. Ela preparava refeições para Frank, colocando pequenas doses de arsênico em seus pratos. "É apenas comida caseira", ela dizia com um sorriso. Frank, então, começou a apresentar sintomas, mas nada parecia incomodar Tillie, que observava calmamente. Seu hábito de "prever mortes" começava a surgir: ela contava aos amigos sobre sonhos em que seus maridos morreriam, e de fato, a "previsão" se concretizava.

Após a morte de Frank, Tillie não parou. Começou a envenenar outros parentes, incluindo enteados e familiares que pudessem representar algum obstáculo ou oferecer algum ganho financeiro. Sua crueldade não conhecia limites. Sua mente, tomada pela ganância, via as pessoas ao redor como peças descartáveis. O amor, o luto e a compaixão já não existiam mais em seu coração.

A maneira com que Tillie manipulava aqueles ao seu redor era assustadora. Ela fingia ser uma mulher comum, caridosa, mas cada vez mais confiava em sua habilidade para enganar. Sua calma e frieza mantinham todos sob seu controle. Os vizinhos, sem imaginar os segredos que Tillie guardava, a viam como uma viúva resiliente. Ela mascarava seu verdadeiro eu com maestria, mantendo um ar de normalidade enquanto tramava suas mortes.

Mas o destino de Tillie mudou com seu quarto marido, Joseph Klimek. Dessa vez, a família de Joseph começou a perceber que os sintomas de sua "doença" eram alarmantes. Os sinais de envenenamento eram evidentes demais para serem ignorados, e finalmente, uma investigação foi exigida. Tillie começou a ver sua teia de mentiras desmoronar, enquanto as autoridades examinavam as mortes anteriores e realizavam autópsias, que confirmaram a presença de arsênico nos corpos de seus antigos maridos.

Durante seu julgamento, o público ficou horrorizado. Tillie recebeu o apelido de "Vovó Assassina", um nome que ocultava a frieza de seus atos. Ela negava as acusações, declarando repetidamente: "Eu não fiz isso!" Mas o veneno falava mais alto do que suas palavras. Cada vez que era questionada sobre suas ações, Tillie mantinha uma expressão vazia, sem qualquer sinal de remorso. A sala do tribunal estava tomada por uma sensação de descrença e terror.

Enquanto o júri ouvia o relato de suas mortes, a extensão de sua crueldade ficava evidente. Tillie havia traído os laços mais íntimos, explorando a confiança dos familiares que deveriam ser os mais protegidos. A mulher que os vizinhos acreditavam ser a "vovó bondosa" revelou-se uma assassina fria, que via seus próprios maridos e familiares como meros meios para alcançar ganhos financeiros. Cada crime foi calculado, e ela usou o amor e a proximidade familiar como armas para satisfazer sua ganância e seu desejo de controle.

No final, Tillie Klimek foi condenada à prisão perpétua. Passou o resto de seus dias na prisão, onde sua imagem de "vovó bondosa" se desfez completamente. A comunidade em que viveu ficou marcada pela revelação dos crimes, e o nome Tillie Klimek se tornou um sinônimo de traição e crueldade.

Sua história nos faz refletir sobre a capacidade de maldade que pode existir em figuras que aparentam inocência, e como muitas vezes os lugares mais perigosos são aqueles que chamamos de lar.

4. A Sombra do Amor de Vera

Vera Renczi nasceu em 5 de julho de 1903, em Bucareste, Romênia, com uma beleza marcante e olhos escuros que pareciam guardar segredos. Filha de uma família de classe média, cresceu em um lar aparentemente comum. Mas, desde cedo, Vera era introspectiva e inteligente, imersa em poesia e literatura. Ela sonhava com amores intensos, mas esses ideais românticos logo se distorceriam em algo perigoso e sombrio. Não bastava ser amada; Vera queria posse, controle. A simples ideia de ser abandonada ou traída era insuportável para ela.

Na juventude, Vera era uma mulher encantadora e sofisticada, com uma beleza que atraía muitos olhares. Seu primeiro casamento veio nos seus vinte e poucos anos, com um homem rico, um empresário admirado por todos. Parecia o par perfeito, e a vida que construíam juntos era o sonho de muitos. Mas, para Vera, cada detalhe era motivo de suspeita. "Onde você esteve?", ela perguntava com voz doce, mas olhos atentos. Com o tempo, a obsessão por controle transformou-se em ciúme, uma sombra que envolvia cada um de seus pensamentos.

Certo dia, o marido começou a adoecer. O diagnóstico era incerto, e os médicos estavam perplexos. O homem que antes exibia saúde e vigor, agora definhava sem explicação. Em poucos meses, estava morto. Vera chorou no funeral, com lágrimas discretas e uma expressão de dor que comoveu a todos. Mas, no fundo, seu luto era apenas uma máscara. Seu coração, consumido por uma paranoia silenciosa, já havia calculado que preferia ver seu marido morto do que arriscar perdê-lo para outra mulher. Arsenicara ele, lentamente, sem remorso. Em seu raciocínio, era melhor que ele partisse do mundo a traí-la.

Logo após a morte do primeiro marido, Vera se casou novamente. Seu segundo esposo, outro homem abastado, estava completamente alheio ao destino que o aguardava. A princípio, era encantado pela beleza e charme de Vera. Mas, assim como o primeiro, logo se viu envolto pela desconfiança incessante dela. A cada saída, Vera o interrogava, monitorava cada passo. "Você me ama, não ama?", ela perguntava, com um sorriso que escondia sua crescente paranoia. Quando ele começou a passar mais tempo fora, o medo dela transformou-se em ira. Incapaz de suportar a ideia de ser deixada, envenenou-o com a mesma precisão que antes. Mais uma vez, ninguém suspeitava da delicada e triste viúva.

Anos passaram, e o padrão de Vera se repetia. Marido após marido caía doente e logo morria. Com uma paciência cruel, ela preparava suas refeições, sempre com doses cuidadosamente medidas de arsênico. Cada morte era mais um triunfo em seu jogo de controle. A cada funeral, Vera desempenhava o papel da viúva em luto, com uma atuação tão convincente que ninguém ousava questioná-la. Era bonita demais, frágil demais – quem poderia imaginar que uma mulher tão graciosa fosse capaz de tamanha crueldade?

Vera teve um filho de um relacionamento anterior, a única pessoa que parecia amar verdadeiramente. Mas, com o passar do tempo, até mesmo esse amor foi dominado pela possessividade. Ela o vigiava de perto, controlava suas amizades e suas escolhas. Quando ele começou a sair com uma jovem, a raiva e o ciúme de Vera cresceram. Para ela, o romance de seu filho era uma traição imperdoável. "Você não precisa de ninguém além de mim", dizia a ele, com uma voz sombria que revelava o peso de sua obsessão. O ciúme se transformou em algo ainda mais perigoso, e, em um ato final de possessão, ela envenenou o próprio filho, preferindo vê-lo morto do que compartilhá-lo com outra mulher.

Com o passar dos anos, os vizinhos começaram a sussurrar sobre a sequência de mortes misteriosas ao redor de Vera. Entretanto, não foi até que os corpos de seus maridos e de seu filho foram descobertos enterrados em seu jardim que a verdade veio à tona. Presa, Vera manteve uma calma desconcertante. Seus olhos continuavam frios, sem qualquer sinal de arrependimento. "Eles me pertenciam", disse com uma tranquilidade assustadora. Para ela, o amor era sinônimo de posse, e matar foi o preço para manter suas relações eternas.

Durante o julgamento, a serenidade de Vera chocou o público. Psicólogos que a analisaram ficaram perplexos com seu comportamento. Ela parecia normal, articulada e até mesmo encantadora, mas sua mente escondia uma obsessão tão profunda que lhe roubava a humanidade. Sem medo ou remorso, repetia: "Eu os libertei. Agora, eles nunca me deixarão."

Vera foi condenada à prisão perpétua. Passou o resto de seus dias em uma cela fria, isolada do mundo que antes controlava com tanta facilidade. Nunca admitiu que o que fez foi errado. Na mente dela, não era uma assassina – era apenas uma mulher que amava intensamente, a ponto de destruir tudo e todos que ousassem se afastar dela.

A história de Vera Renczi serve como um lembrete sombrio dos perigos do amor que se torna possessivo, do desejo de controle que se transforma em destruição. Sua beleza e sofisticação permitiram que enganasse muitos, mas por trás daquela fachada encantadora existia um coração capaz de uma crueldade inimaginável. Sua obsessão a cegou para o valor da vida dos outros; seu egoísmo a fez crer que seu direito de controlar superava o direito dos outros de viver.

Hoje, seu nome ainda evoca um frio na espinha. Como uma mulher que parecia tão refinada, tão elegante, poderia ter cometido tais horrores? Como uma mãe poderia matar o próprio filho por ciúmes? O caso de Vera levanta perguntas profundas sobre os limites do amor e os perigos de uma obsessão que consome.

5. Sombras de uma Mãe em Dor

E m Richford, Nova York, onde o ar exalava o perfume das flores e as colinas ondulavam como mar calmo, Waneta Hoyt parecia viver uma vida simples. Nascida em 13 de maio de 1946, era uma mulher doce e dedicada à família, conhecida por todos na pequena comunidade. Aos olhos dos vizinhos, Waneta era uma esposa e mãe comum, uma mulher tranquila, gentil, que cuidava com carinho dos seus filhos. Mas por trás desse exterior calmo, havia uma história dolorosa, uma tragédia inimaginável que deixaria marcas profundas em Richford e chocaria o país inteiro.

A infância de Waneta não teve nada de extraordinário. Ela cresceu em uma casa comum e era uma menina tímida, introspectiva. Sonhava com uma vida simples, com um marido e filhos que pudesse cuidar e amar. Nos anos 50, como muitas garotas da época, ela via o casamento como um caminho para a felicidade. Em 1965, com 19 anos, casou-se com Tim Hoyt, um homem do vilarejo que conhecia desde criança. Tim era um trabalhador incansável, e Waneta, dona de casa devotada. Eles tinham uma vida estável, mas conforme os anos passaram, algo sombrio começou a crescer na casa dos Hoyt.

A chegada dos filhos trouxe alegria. Eric foi o primeiro, depois Julie, James, Molly e, por fim, Noah. Mas a felicidade era breve. Entre 1965 e 1971, todos os cinco filhos de Waneta morreram, misteriosamente, um a um. Cada morte foi atribuída à Síndrome da Morte Súbita Infantil (SIDS), um diagnóstico raro e ainda pouco compreendido na época. Os médicos não encontravam explicação, e com pesar consolavam os pais, lamentando as perdas. Ninguém conseguia entender como uma família poderia sofrer tanto.

Waneta chorava publicamente, seu rosto marcado pelo luto. Para os vizinhos, ela era uma mãe destroçada, alguém que havia sofrido cinco perdas devastadoras. "Ela era tão cuidadosa com as crianças", disse um vizinho. "Nunca suspeitei de nada. Como poderia?". Mas, por trás do olhar entristecido, algo terrível estava em ação.

Por anos, ninguém questionou as mortes. A síndrome, embora rara, era considerada uma causa natural, ainda que trágica. A capacidade de Waneta de se mostrar tão visivelmente arrasada mascarava o horror que se desenrolava em silêncio. Apenas mais tarde, alguns médicos começaram a notar que algo não fazia sentido. Como poderia uma mãe perder cinco filhos da mesma maneira? Esse tipo de tragédia repetida era alarmante.

Investigações foram reabertas em 1994, quando o caso dos Hoyt começou a levantar suspeitas. Ao revisarem cada detalhe das mortes, os investigadores notaram um padrão arrepiante. Todos os cinco filhos tinham morrido de forma repentina, sempre sob os cuidados da mãe e logo após sintomas vagos de doença que ninguém conseguia explicar.

Durante o interrogatório, Waneta desabou. Sob intensa pressão, confessou: havia sufocado os filhos até a morte. Sua explicação era devastadora. Waneta alegou que o choro dos bebês era insuportável, que não aguentava a pressão de ser mãe. "Eu não conseguia mais suportar", disse, com uma calma assustadora. Aparentemente, ela se sentia completamente sobrecarregada pelas demandas da maternidade. Suas lutas mentais, invisíveis para os que a rodeavam, tornaram-se o gatilho de um crime impensável.

Com o tempo, ficou claro que Waneta sofria de depressão pós-parto, uma condição mental que, na época, era pouco compreendida e raramente tratada. Suas emoções oscilavam entre o amor e o desespero, criando um caos silencioso em seu coração. Porém, mesmo com essa explicação, seus atos estavam além do que muitos poderiam entender. Ela ultrapassara um limite, cometendo um ato que ninguém conseguia conceber.

Em 1995, Waneta Hoyt foi condenada por assassinato em segundo grau pela morte dos filhos. No tribunal, o silêncio era pesado enquanto a sentença era lida. Tim Hoyt, seu marido, assistia em choque, perdido em pensamentos, incapaz de compreender a dor e a traição que haviam acontecido em sua própria casa. Para ele, ela também era vítima de um sofrimento invisível, e ele não fazia ideia da verdade escondida. O caso provocou ondas de choque, não apenas pela gravidade dos crimes, mas pelo que revelou sobre a saúde mental materna e as lutas secretas que podem existir dentro das famílias.

"Ela foi a última pessoa que eu suspeitaria", comentou uma vizinha após o julgamento. "Nós todos sentimos pena dela. Eu nunca imaginaria...". Essa era a opinião de muitos que conheciam Waneta. Ela parecia normal, até amorosa. Mas, como o julgamento mostrou, até aqueles mais próximos a ela não podiam ver o tormento que carregava.

Psicólogos descreveram Waneta como uma mulher profundamente marcada pela impotência e inadequação, que se sentia presa pelas exigências da maternidade. Para ela, o choro dos bebês parecia um constante lembrete de suas falhas, algo que só poderia silenciar de uma forma sombria. Para os familiares das crianças, no entanto, essa explicação parecia vazia. Como poderia uma mãe matar os próprios filhos?

O caso de Waneta levantou questões perturbadoras sobre os instintos maternos. A sociedade frequentemente assume que toda mãe é naturalmente protetora, mas a história de Waneta derrubou essa crença. Sua trajetória obrigou muitos a encarar a realidade de que a maternidade, para algumas, é uma fonte de angústia e pressão insuportável. O caso também destacou os perigos de uma doença mental não tratada, revelando as consequências devastadoras de quando aqueles que precisam de ajuda são ignorados.

Hoje, o nome Waneta Hoyt é lembrado como um sombrio lembrete da fragilidade da mente humana e das trevas que podem existir em uma vida aparentemente comum. Seus crimes, embora cometidos há décadas, ainda ressoam nas discussões sobre saúde mental materna, depressão pós-parto e a importância de uma intervenção precoce. Sua história não é apenas uma tragédia familiar, mas uma falha social em reconhecer os sinais de uma mãe em desespero.

Olhar para trás nos faz questionar o que poderia ter sido diferente. Será que seus filhos poderiam ter sido salvos se alguém tivesse percebido os sinais mais cedo? Waneta teria encontrado alívio se tivesse recebido apoio? Essas perguntas ficam sem resposta, deixando uma herança de dor e confusão.

No final, a história de Waneta Hoyt é de uma perda profunda – de inocência, de confiança e de vidas. Seus filhos, cujas vidas foram tragicamente interrompidas, são lembrados como vítimas, não apenas das ações de sua mãe, mas de uma sociedade que falhou em protegê-los. A história de Waneta é um aviso das complexidades da mente humana e das consequências devastadoras que surgem quando essas complexidades permanecem ignoradas.

Waneta Hoyt pode ter partido, mas sua história ainda vive como um conto cautelar. Ela nos lembra que, por trás de rostos aparentemente comuns, pode haver uma escuridão que poucos são capazes de imaginar.

6. A Escuridão de Uma Menina

Nas ruas sombrias e industriais de Newcastle upon Tyne, na Inglaterra dos anos 60, Mary Bell, uma jovem de apenas dez anos, se tornaria um nome que aterrorizaria a nação. Em uma comunidade onde a luta diária era regra, onde o barulho das fábricas e o cheiro de carvão moldavam o ambiente, o conto de Mary revelaria a violência sombria e silenciosa que pode nascer em uma infância ferida.

Mary Flora Bell nasceu em 26 de maio de 1957, em meio à pobreza e à instabilidade. Cresceu na degradada área de Scotswood, onde o trabalho era escasso e as famílias viviam do que podiam. Sua mãe, Betty Bell, era jovem, instável e completamente despreparada para a maternidade. Trabalhando como prostituta e lidando com problemas mentais, Betty deixava Mary sozinha por longos períodos. Não havia uma figura paterna fixa na vida da menina; homens iam e vinham, sem oferecer nenhuma estabilidade ou carinho. Desde cedo, Mary viveu uma infância de negligência profunda, um abandono emocional que abriria uma ferida que o tempo não cicatrizaria.

Criança ainda, Mary era reservada e misteriosa. A maioria a considerava uma menina difícil. Professores e vizinhos a descreviam como problemática e solitária, uma figura que parecia carregar uma tristeza inexplicável. Sem o amor e a segurança que qualquer criança necessita, ela aprendeu desde cedo a se defender sozinha, crescendo nas ruas cinzentas e duras de Scotswood. Foi lá, nos becos e terrenos baldios, que seus impulsos sombrios começaram a emergir.

Mary frequentava a escola, mas não se destacava. Suas notas eram baixas, e ela se isolava das outras crianças. A raiva e o desespero que a consumiam muitas vezes se transformavam em comportamentos agressivos e atitudes de desafio. No entanto, havia nela um talento inusitado para a criatividade; gostava de desenhar e escrever histórias, mas essas atividades eram constantemente marcadas por suas tendências violentas e sombrias. Professores ficavam inquietos, mas ninguém parecia enxergar o quão profundos eram seus problemas.

O lar de Mary era um pesadelo. Betty, sua mãe, era emocionalmente instável e cruel, e surgiriam rumores de que ela havia tentado sufocar Mary quando era bebê. Esses episódios de abuso e negligência deixaram marcas profundas. Mary estava completamente abandonada pela única pessoa que deveria protegê-la, e em sua mente infantil, começou a acreditar que a vida era cruel e descartável. Cada ato de abandono solidificava uma ideia perturbadora sobre o valor da vida.

Quando Mary fez dez anos, o impacto do trauma já estava consolidado. Ela encontrou uma parceira em Norma Bell, outra menina problemática, sem relação de parentesco, mas que compartilhava com Mary o mesmo sobrenome. Norma era mais passiva, uma seguidora das ideias de Mary. As duas passavam dias sem supervisão, explorando as ruas, deixando que as travessuras evoluíssem rapidamente para algo sinistro.

Em 25 de maio de 1968, um dia antes de seu décimo primeiro aniversário, Mary cometeu seu primeiro assassinato. Martin Brown, um menino de apenas quatro anos, foi sua vítima. Mary o atraiu para uma casa abandonada, e lá, sem hesitação, o estrangulou. A morte de Martin foi um choque, mas inicialmente foi considerada um acidente, já que não havia sinais claros de violência. Porém, Mary não parou ali.

Poucos meses depois, em julho, Mary atacou novamente. Desta vez, sua vítima foi Brian Howe, um menino de três anos. Junto com Norma, Mary conduziu Brian para uma área remota e, de maneira fria, o estrangulou com as próprias mãos. Em um ato de crueldade que abalaria até os investigadores mais experientes, Mary mutilou o corpo do garoto com uma tesoura, fazendo marcas em sua pele e cortando mechas de seu cabelo. Esse segundo crime aterrorizou a comunidade, e a brutalidade despertou uma suspeita assustadora: poderia uma criança ser a responsável?

A polícia começou a investigar mais a fundo e, logo, Mary e Norma se tornaram suspeitas. Durante os interrogatórios, Mary demonstrou uma frieza perturbadora, uma falta de empatia que chocou até os policiais. Ela dava declarações contraditórias, mas também revelava detalhes que apenas o assassino poderia conhecer. A confissão final veio quase como uma provocação. A falta de arrependimento e a maneira como falava sobre os crimes deixaram todos, desde os detetives até o público, incrédulos. Como uma criança poderia cometer atos tão horríveis?

O julgamento de Mary Bell tornou-se um espetáculo midiático. O tribunal estava lotado, todos ansiosos para entender a mente daquela menina. Durante o processo, a defesa argumentou que Mary era uma vítima de sua própria criação, que sua mente havia sido moldada pelo abuso e pela exposição à violência. Psicólogos que a avaliaram diagnosticaram sinais de psicopatia e afirmaram que Mary carecia da maturidade emocional para compreender totalmente o impacto de suas ações. Ela não tinha a capacidade de discernir entre certo e errado, o que a tornava ainda mais perigosa.

No fim, o júri a considerou culpada de homicídio culposo, com responsabilidade diminuída. Ela foi condenada a um período indefinido em uma instituição de segurança para jovens infratores. A comunidade, chocada, respirou aliviada, mas as perguntas ficaram. Como uma menina tão jovem se perdeu tão completamente na escuridão? Poderia essa tragédia ter sido evitada?

Enquanto cumpria sua sentença, Mary Bell continuou a fascinar o público. Ela tornou-se um símbolo do que acontece quando a inocência é distorcida pela violência e pelo abandono. Sua história levava todos a questionar como a sociedade poderia proteger as crianças de futuros parecidos. Aos 23 anos, Mary foi libertada e recebeu uma nova identidade para proteger sua privacidade. Ela desapareceu dos holofotes, mas a lembrança de seus crimes permanece viva.

Hoje, o nome de Mary Bell ainda desperta memórias sombrias de uma infância corrompida pela violência e pela negligência. Ela é vista por alguns como vítima de seu ambiente; por outros, como uma assassina fria e calculista, cujos atos não poderiam ser ignorados.

A história de Mary Bell desafia a sociedade a confrontar verdades desconfortáveis sobre a infância, a inocência e os efeitos de uma criação marcada pelo trauma. Ela traz à tona questões complexas sobre a responsabilidade e as cicatrizes deixadas por um passado de abuso.

Embora Mary não seja mais a criança de olhos arregalados que cometeu atos impensáveis, o impacto de sua história ainda paira sobre Newcastle. A memória de Martin Brown e Brian Howe permanece como um aviso do que pode se esconder nas sombras de uma infância perdida.

7. Lavinia Fisher: Beleza e Morte em Charleston

E m pleno século XIX, na charmosa Charleston, Carolina do Sul, Lavinia Fisher caminhava pelas ruas com uma graça quase hipnotizante. As ruas fervilhavam com comerciantes, marinheiros e viajantes, e as árvores, cobertas de musgo, balançavam ao vento pesado e úmido. Lavinia, ao lado do marido John, era proprietária da hospedaria Six Mile Wayfarer House, um lugar acolhedor para viajantes que seguiam pelas estradas nos arredores da cidade. Mas, por trás dos sorrisos calorosos e da fachada convidativa, escondia-se algo muito mais sinistro. Lavinia não seria lembrada por sua beleza ou hospitalidade, mas pelo sangue em suas mãos e pelas vidas que se perderam sob seu teto.

Lavinia nasceu em 1793, no verde luxuriante do Lowcountry, na Carolina do Sul. Sua vida precoce é envolta em mistério, e pouco se sabe sobre sua infância ou a família que a criou. Contudo, ao atingir a idade adulta, Lavinia desenvolveu um carisma irresistível, capaz de encantar qualquer um que cruzasse seu caminho. Com uma beleza enigmática e uma inteligência afiada, ela se destacava, qualidades que mais tarde usaria para cometer crimes impensáveis.

Foi em Charleston que ela conheceu John Fisher, um homem que parecia ter tanto charme quanto ela. Juntos, formaram um casal unido por um amor sombrio, uma ganância insaciável e uma sede por algo além do que a vida comum poderia oferecer. Eles abriram a Six Mile Wayfarer House, que logo se tornou uma parada popular para viajantes. No entanto, os hóspedes que entravam ali muitas vezes não saíam mais.

Naquela época, os viajantes eram presas fáceis. As estradas eram perigosas, e muitas pessoas viajavam sozinhas, sem que ninguém soubesse ao certo onde estavam. Lavinia, com seu sorriso encantador e palavras suaves, desempenhava o papel de anfitriã perfeita. John, com uma presença sólida e confiável, oferecia aos viajantes um refúgio seguro. Juntos, o casal proporcionava uma sensação de conforto e segurança.

Mas esse refúgio logo se transformava em armadilha. Lavinia oferecia aos viajantes cansados uma refeição quente, chá doce e um lugar para descansar. Ela os cativava com conversas gentis, fazendo-os sentir-se à vontade. Quando estavam suficientemente relaxados e confiantes, o casal armava o golpe. Os Fishers desenvolveram um método cruel para matar suas vítimas: envenenavam a comida ou a bebida dos hóspedes e, em certos casos, usavam uma cama especialmente preparada com uma armadilha que os jogava direto para o porão.

Os crimes do casal passaram despercebidos por anos. Os viajantes desapareciam, mas as estradas eram traiçoeiras, e pessoas frequentemente desapareciam sem explicação. Foi apenas em 1819 que os rumores sobre as atividades macabras dos Fishers começaram a circular. As pessoas começaram a sussurrar que aqueles que se hospedavam no Six Mile Wayfarer House nunca mais eram vistos. As autoridades hesitavam em agir, relutantes em acreditar que um casal tão amável poderia ser responsável por esses desaparecimentos.

Mas a sorte de Lavinia e John Fisher finalmente acabou. Um homem chamado David Ross, que se hospedou na pousada certa noite, escapou por pouco da morte. Desconfiado do comportamento estranho de Lavinia e do ambiente perturbador da hospedaria, Ross fugiu durante a noite e alertou as autoridades. Em pouco tempo, o segredo sombrio dos Fishers foi revelado.

Quando a polícia invadiu o Six Mile Wayfarer House, eles encontraram mais do que apenas quartos vazios. Sob a pousada, revelaram uma cena macabra—evidências dos crimes do casal, incluindo pertences dos viajantes desaparecidos. Embora o número exato de suas vítimas seja desconhecido, o horror era inegável.

Lavinia e John foram presos, e seu julgamento se tornou o assunto da cidade de Charleston. As pessoas que antes admiravam a beleza e o charme de Lavinia agora a viam pelo que realmente era—uma mulher capaz de assassinar a sangue frio. Apesar de suas declarações de inocência, as provas contra os Fishers eram esmagadoras. Os relatos de sua manipulação, do uso de seu charme para atrair vítimas e da natureza calculista de seus crimes chocaram a cidade.

Durante o julgamento, Lavinia manteve-se desafiadora. Sua beleza continuava a atrair olhares, mesmo enquanto enfrentava a forca. Ela recusava-se a mostrar remorso por suas ações, e rumores circulavam de que ela acreditava que escaparia da execução pelo fato de ser mulher. Mas a justiça, ao que parece, não se deixaria encantar por sua beleza.

No dia de sua execução, em 1820, John Fisher foi para a morte em silêncio, pedindo perdão. Lavinia, no entanto, não foi tão pacífica. Vestida com seu vestido de noiva, ela esperava se casar com a morte como seu último parceiro. Antes que o nó se apertasse em torno de seu pescoço, ela teria gritado para a multidão: "Se você tem uma mensagem para o inferno, me dê—eu a levarei." Com essas palavras arrepiantes, Lavinia Fisher encontrou seu fim.

A morte de Lavinia não encerrou sua história. Sua lenda cresceu nos anos após sua execução. Contos sobre o espírito de Lavinia assombrando a antiga prisão de Charleston, onde ela foi mantida antes de sua execução, tornaram-se parte do folclore sulista. Alguns afirmam ter visto seu espectro, ainda vestido de branco, vagando pelos corredores escuros da prisão, sua beleza agora apenas uma lembrança fantasmagórica da mulher que atraía tantas vítimas para a morte.

Mas, além das histórias de fantasmas e do folclore, o legado de Lavinia Fisher serve como um sombrio lembrete dos perigos da confiança cega e das consequências de deixar a ganância e a crueldade dominarem. Os Fishers transformaram sua pousada, um lugar destinado a oferecer segurança e descanso, em uma casa de horrores.

Seus crimes abalaram Charleston profundamente e deixaram uma marca duradoura na história da cidade.

Hoje, Lavinia Fisher permanece uma figura de medo e fascínio. Seu nome está gravado na sombria história do crime americano, lembrando que o mal pode usar um sorriso amigável e oferecer uma xícara de chá. O mistério em torno de suas verdadeiras motivações, a extensão de seus crimes e sua natureza impiedosa cimentaram seu lugar como uma das primeiras e mais infames assassinas em série dos Estados Unidos.

À medida que os anos passam, seu conto continua a cativar aqueles atraídos pelas sombras da história, onde realidade e lenda se misturam, e onde Lavinia Fisher, com sua beleza perturbadora e charme mortal, reina como um ícone gótico do sul.

8. A Fábrica de Sabão do Terror

No tranquilo interior da Itália, onde oliveiras se espalham até o horizonte e os ventos mornos tocam as colinas, vivia Leonarda Cianciulli, uma mulher cujo nome seria gravado na história com horror. Nascida em 1894, em Montella, no coração da Avellino, sua infância foi tudo menos inocente. Cresceu no meio da pobreza, sendo constantemente maltratada pela mãe, que a culpava pelos próprios infortúnios. Naquela época, Leonarda acreditava profundamente nas superstições rurais que circulavam pelo vilarejo: presságios, maldições e rituais faziam parte do cotidiano. Assim, uma mulher seria moldada pela escuridão e pelo medo, guiada pela crença de que uma maldição a perseguia desde o nascimento.

Leonarda sempre sentiu que a vida lhe reservara apenas tragédias, uma convicção nascida de uma antiga maldição lançada por sua mãe durante uma discussão acalorada. Assim, a crença de que estava destinada a sofrer começou a tomar conta de sua mente. Apesar disso, Leonarda decidiu desafiar o destino. Em vez de aceitar um casamento arranjado, ela fugiu com Raffaele Pansardi, o homem que amava. A decisão, porém, trouxe-lhe ainda mais sofrimento. O casal se mudou para Correggio, uma cidade no norte da Itália, onde Leonarda imaginou que finalmente teria paz, mas foi em Correggio que o horror real começou a brotar.

Após inúmeros abortos espontâneos e a perda de três filhos ainda bebês, a obsessão de Leonarda pela proteção de seus filhos remanescentes tornou-se doentia. A cada nova tragédia, o medo de perder mais um filho só aumentava. E quando a sombra da Segunda Guerra Mundial pairou sobre a Itália, trazendo a ameaça de conscrição para seu filho mais velho, Giuseppe, Leonarda foi dominada pelo desespero. A ideia de perdê-lo para o campo de batalha a aterrorizava, e ela se convenceu de que a única forma de salvar sua família seria por meio de um sacrifício humano.

Em 1939, Leonarda atraiu sua primeira vítima. Faustina Setti, uma mulher solitária, procurou sua ajuda para encontrar um marido. Leonarda era conhecida na cidade por seus supostos poderes de adivinhação e leitura de mãos, e Faustina estava disposta a confiar nela. Após convencer Faustina a viajar para encontrar o pretendente, Leonarda a convidou para um último encontro em sua casa. Faustina aceitou um copo de vinho oferecido por Leonarda, sem saber que estava envenenado. Quando a droga fez efeito, Leonarda atacou, matando Faustina em sua cozinha. Com frieza perturbadora, desmembrou o corpo, fervendo os pedaços para fazer sabão. Usou os restos para fabricar barras de sabão e até biscoitos de chá, que compartilhou com os vizinhos.

Apesar do terror dos atos, Leonarda não sentiu remorso. Em sua mente, o sacrifício era justificado. Acreditava que estava realizando um ritual necessário para proteger Giuseppe e que sua crença na magia era forte o suficiente para silenciar qualquer vestígio de dúvida moral.

Uma vítima, no entanto, não foi suficiente para acalmar seus temores. No ano seguinte, ela encontrou outra vítima: Francesca Soavi, outra mulher que buscava orientação. Leonarda prometeu um emprego em uma escola para meninas em outra cidade, mas Francesca encontrou o mesmo destino que Faustina. Envenenada, morta e transformada em sabão e biscoitos.

A última vítima foi Virginia Cacioppo, uma ex-cantora de ópera em busca de conselhos para melhorar sua sorte. Assim como as outras, Virginia foi atraída para a promessa de uma vida melhor, apenas para encontrar uma morte brutal nas mãos de Leonarda. Desta vez, Leonarda usou o corpo para produzir o que afirmou ser o "melhor sabão que já fiz".

Por um tempo, os crimes de Leonarda passaram despercebidos. As mulheres que desapareciam não tinham muitos laços familiares próximos, e Leonarda era vista pela comunidade como uma mãe dedicada e uma vizinha prestativa. Poucos poderiam imaginar a verdade macabra escondida atrás do seu rosto gentil.

No entanto, o destino de Leonarda tomou um rumo quando a irmã de Virginia começou a suspeitar do desaparecimento repentino. As suspeitas levaram a polícia a investigar. Em 1940, Leonarda foi presa e, em seu julgamento, mostrou uma calma assustadora. Confessou todos os assassinatos sem um pingo de culpa, descrevendo os detalhes com uma frieza que chocou o tribunal. Para ela, os assassinatos eram sacrifícios necessários para proteger sua família.

Durante o julgamento, o público se via incrédulo. As pessoas ficaram horrorizadas com a calma com que ela descrevia o processo de transformação de suas vítimas em sabão. A certeza de que seus rituais eram fundamentais para o bem-estar de seus filhos transformava a crueldade dos atos em um gesto, para ela, de desespero maternal. A corte a condenou a 30 anos de prisão e mais três anos em um asilo criminal, onde morreu em 1970.

A história de Leonarda chocou a Itália e o mundo. Ela havia sido consumida por uma superstição profunda e um amor obsessivo que a cegou para qualquer noção de moralidade. Hoje, seu nome é lembrado como um símbolo de terror e como um exemplo de como a superstição pode envenenar até o coração mais amoroso. Conhecida como "A Fabricante de Sabão de Correggio", Leonarda não é apenas uma lenda do crime, mas um aviso sombrio sobre a força destrutiva do medo e da obsessão.

9. Nas Sombras de Roma Antiga

N as ruas sombrias de Roma Antiga, onde as colunas de mármore brilhavam sob o sol quente do Mediterrâneo e os sussurros de ambição política ecoavam pelos salões do poder, viveu uma mulher cujo nome ficaria para sempre gravado na infâmia da história da cidade — Locusta, a envenenadora. Sua história, tecida no próprio tecido da intriga romana, conta a trajetória de uma mulher que usou seu conhecimento de ervas e toxinas letais para moldar o destino de imperadores e nobres.

Locusta vinha de uma origem misteriosa. Nasceu em algum momento durante o reinado do Imperador Cláudio, no século I d.C., mas pouco se sabe sobre sua família ou vida inicial. O que é claro, entretanto, é que Locusta possuía uma habilidade única e perigosa — um dom quase sobrenatural para preparar venenos de plantas, raízes e venenos animais. Sua inteligência aguçada e conhecimento em ervas a destacavam das pessoas comuns de Roma, marcando-a como uma mulher destinada a um caminho sombrio.

Os apinhados mercados de Roma, cheios de comerciantes e nobres, tornaram-se o cenário para a ascensão de Locusta. Crescendo no coração caótico do império, ela provavelmente experimentou a pobreza e a incerteza, mas aprendeu rapidamente a navegar pela teia social complexa da cidade. Sua educação não era tradicional; em vez de aprender as artes da retórica ou filosofia, Locusta treinava-se na arte sutil e secreta de fazer venenos. Estudava sob a tutela de herbalistas e daqueles que operavam nas sombras, aperfeiçoando sua arte.

Logo, seu talento chamou a atenção de figuras poderosas na sociedade romana. Enquanto muitos a viam como uma simples bruxa ou herbalista, outros a enxergavam pelo que realmente era — uma assassina capaz de eliminar rivais sem deixar rastros. Locusta iniciou sua carreira nas sombras, trabalhando para ricos patronos que precisavam de soluções discretas para seus problemas. Seus venenos eram eficientes e mortais, capazes de simular doenças naturais e deixar poucos rastros.

Mas sua ascensão à infâmia começou realmente com sua participação nas esferas mais altas do poder romano. Agripina, a Jovem, mãe do futuro imperador Nero, buscou os serviços de Locusta em um plano mortal. Agripina tinha uma ambição grandiosa: colocar seu filho no trono, mas o imperador Cláudio, seu marido, estava no caminho. Para assegurar a ascensão de Nero, Cláudio precisava morrer.

Foi nesse esquema traiçoeiro que Locusta fez seu nome. Em 54 d.C., ela preparou um veneno mortal para Cláudio, elaborando cuidadosamente uma mistura que o mataria devagar, simulando sintomas de uma intoxicação alimentar. Quando Cláudio consumiu o prato envenenado, sua morte pareceu quase natural, e o plano de Agripina teve sucesso. Com a morte de Cláudio, Nero ascendeu ao trono, e Locusta tornou-se uma ferramenta indispensável no jogo mortal da política romana.

Nero, um jovem governante instável, rapidamente encontrou uso para os talentos de Locusta. Seu reinado estava ameaçado por Britânico, o filho legítimo de Cláudio e herdeiro de direito ao trono. Mais uma vez, Locusta foi chamada para eliminar este obstáculo. Em 55 d.C., ela preparou outro veneno fatal, desta vez misturando-o à bebida de Britânico. Durante um banquete, o jovem tomou um gole e, instantes depois, caiu, contorcendo-se de dor. O veneno funcionara perfeitamente, e a posição de Nero como imperador estava assegurada.

A habilidade de Locusta em realizar esses assassinatos de alto nível com tamanha destreza e discrição fez dela alguém tanto temido quanto reverenciado. Com sua fama crescendo, ela se tornou a envenenadora pessoal de Nero, à disposição sempre que um rival precisava ser eliminado. Em troca de seus serviços, Locusta recebeu riquezas, terras e proteção, mas vivia sob a constante ameaça de traição. Em Roma, alianças eram frágeis como vidro, e a mão que lhe dava ouro em um dia podia voltar-se contra ela no seguinte.

Mas Locusta não era meramente uma ferramenta dos poderosos; ela era uma mulher astuta e inteligente, ciente do jogo perigoso que jogava. Os corredores do poder em Roma estavam repletos de sussurros de traição, e Locusta sabia que um movimento em falso poderia levar à sua queda. Sua habilidade em preparar venenos era igualada por sua capacidade de permanecer nas sombras, nunca atraindo atenção demais para si.

Apesar de seu sucesso, a posição de Locusta tornou-se cada vez mais precária. O reinado de Nero era marcado pelo caos e pela paranoia, e sua instabilidade crescente o tornava um mestre perigoso. Ele não confiava em ninguém, nem mesmo em seus aliados mais próximos, e o contínuo serviço de Locusta a ele só aprofundava seu envolvimento na política ensanguentada do império.

Nos anos que se seguiram à morte de Britânico, Nero continuou a usar Locusta para eliminar ameaças, mas os ventos do poder em Roma estavam começando a mudar. O comportamento cada vez mais errático de Nero levou a um crescente descontentamento entre a elite romana, e rumores de rebelião enchiam o ar. Locusta, antes uma serva favorecida do imperador, podia sentir o laço apertando em volta de seu pescoço. O próprio veneno que usara para matar tantos poderia, um dia, ser usado contra ela.

O fim para Locusta chegou com a queda de Nero. Em 68 d.C., quando os inimigos de Nero se aproximavam e seu reinado desmoronava, o destino de Locusta foi selado. Sem a proteção de Nero, ela ficou vulnerável à vingança daqueles que havia prejudicado. Depois de anos vivendo nas sombras, lidando com a morte através de seus venenos, Locusta foi finalmente capturada e levada a julgamento.

Diferente dos venenos que preparava com tanto cuidado, sua morte não foi sutil. O povo romano, ávido por justiça, exigiu um espetáculo. Locusta foi executada brutalmente, seu corpo dilacerado por feras selvagens no Coliseu — um fim adequado para uma mulher cuja vida fora marcada pela morte.

A história de Locusta é um lembrete sombrio dos perigos do poder, da ambição e do conhecimento usado para fins destrutivos. Sua maestria em venenos, uma habilidade que um dia a fez inestimável para os imperadores, tornou-se sua ruína no final. Seu nome foi lembrado ao longo da história não como o de uma curandeira ou uma herbalista sábia, mas como um símbolo das artes obscuras da morte.

10. A Lamentação Silenciosa

C antos tranquilos do interior do Alabama, onde o sol do sul aquece as ruas e os vizinhos conhecem-se pelo nome, foram palco de uma história sombria que ninguém poderia prever. Martha Ann Johnson, uma mulher de aparência simples, tinha uma vida que escondia dores e desesperos profundos, e sua história viria a chocar a nação.

Nascida em 6 de outubro de 1955, Martha foi a caçula de três filhos em uma casa modesta. A família lutava para sobreviver; seu pai era ausente devido ao trabalho e a mãe carregava sozinha o peso da casa. Martha, uma criança introspectiva, buscava consolo nos livros, sumindo em mundos criados pelas histórias que lia. No entanto, essa infância aparentemente pacata era marcada por instabilidades e cicatrizes emocionais, influências que moldariam suas decisões futuras.

Na escola, Martha não se destacava, mas seu talento criativo chamava atenção. Ela sonhava em escrever, em ser algo além do que sua realidade oferecia. Porém, como acontece tantas vezes, a vida seguiu um rumo bem diferente. Aos 18 anos, casou-se com Carl Johnson, um mecânico local. No começo, enfrentaram dificuldades, mas Carl era um homem de temperamento forte e a pressão das finanças só aumentava o estresse no casamento. Eles tiveram três filhos – Diane, Jennifer e James. Martha amava seus filhos com intensidade, mas ser mãe em um lar instável e sob constantes tensões a deixava cada vez mais esgotada.

Para encontrar algum tipo de paz, Martha mergulhava em pequenos prazeres. Cuidar do jardim e cozinhar eram suas válvulas de escape, e os vizinhos elogiavam seu talento com as flores e sua habilidade com a comida. Mas por trás dessa imagem de dona de casa dedicada, seu estado mental estava lentamente se desfazendo. Após o nascimento de seu terceiro filho, James, Martha começou a sofrer de depressão pós-parto, uma condição que passou despercebida e sem tratamento. As pressões do casamento, as dificuldades financeiras e a responsabilidade esmagadora de cuidar dos filhos em um ambiente cheio de conflitos tornaram-se insuportáveis. A agressividade de Carl só aprofundava o desespero de Martha, que se sentia cada vez mais aprisionada em um abismo de desânimo e escuridão.

Com o passar do tempo, ela tentou manter uma aparência de normalidade. Martha trabalhava meio período para complementar a renda da família e se esforçava para dar alguma estabilidade aos filhos. No entanto, por dentro, ela era um mar de ansiedade e desespero. A cada dia, o mundo parecia mais distante, e até mesmo o amor que sentia pelos filhos ficava ofuscado pelo vazio que crescia em seu coração.

Entre os anos de 1980 e 1985, algo impensável aconteceu. Diane, Jennifer e James morreram, um a um, em circunstâncias suspeitas. Inicialmente, as mortes foram tratadas como causas naturais, e ninguém podia imaginar que aquela mãe, que chorava a cada funeral, escondia um segredo terrível.

Por anos, Martha conseguiu manter a verdade oculta. Mas um dia, uma denúncia anônima levou as autoridades a reabrir as investigações. O que descobriram abalou o país: Martha era responsável pela morte dos próprios filhos, impulsionada por um desespero e uma dor incontroláveis. Durante o julgamento, a mente perturbada de Martha foi exposta. Não era uma assassina fria e calculista, mas uma mulher destroçada, uma vítima de sua própria doença mental e das circunstâncias descontroladas ao seu redor. Avaliações psiquiátricas revelaram a extensão de sua depressão, mostrando como sua capacidade de lidar com a vida estava completamente comprometida.

"Eu não queria isso," disse ela uma vez, com a voz trêmula, enquanto lágrimas escorriam de seu rosto. "Mas eles... eu não conseguia suportar. Eu só queria paz. Só queria que tudo parasse." Palavras que ecoavam o vazio de alguém que perdeu o controle de si mesma.

A revelação desses crimes provocou indignação. Como uma mãe poderia fazer algo tão horrendo? Como ninguém percebeu os sinais? Conforme sua história era narrada no tribunal, ficou claro que não se tratava apenas de traição materna, mas de um exemplo trágico das consequências de uma doença mental não tratada em uma sociedade que, muitas vezes, ignorava as lutas silenciosas de mulheres em situações difíceis.

A história de Martha levou a discussões importantes sobre saúde mental, instintos maternais e a fragilidade da mente humana sob estresse extremo. Ela foi responsável por atos indesculpáveis, mas sua tragédia serviu de alerta para a necessidade de mais suporte de saúde mental para mães e famílias que enfrentam desafios semelhantes. Programas comunitários foram criados, trazendo apoio às famílias em dificuldades, conscientizando sobre depressão pós-parto e construindo uma rede de segurança para quem pudesse precisar de ajuda.

Por trás de tudo, Martha era uma figura trágica. Com os recursos certos, poderia ter sido salva. Mas, em vez disso, sua história virou uma advertência, mostrando como a ausência de tratamento para problemas mentais pode ter consequências inimagináveis. Após sua condenação, Martha ficou marcada por suas escolhas no momento mais escuro de sua vida. Presa pelo resto dos seus dias, ela nunca mais seria livre, enquanto sua história ecoava por mudanças na proteção infantil, saúde mental e violência doméstica.

Nos momentos de silêncio em sua cela, talvez ela refletisse sobre tudo que fez. Teria arrependimentos? Sentia culpa? Ou sua mente estava tão desgastada pela depressão que não conseguia compreender a enormidade de seus atos? Perguntas que nunca terão respostas.

Sua sentença terminou com a vida na prisão, um destino que refletia a gravidade dos atos em seus momentos mais sombrios. Porém, mesmo atrás das grades, sua história continuou a ressoar, influenciando mudanças na forma como a sociedade abordava a saúde mental, proteção à criança e apoio em relacionamentos abusivos.

O nome de Martha Ann Johnson agora é lembrado não apenas por seus crimes, mas como um lembrete da importância do cuidado com a saúde mental, especialmente para mães e famílias em sofrimento.

Sua história desafia-nos a olhar além das aparências e a compreender a complexidade do comportamento humano, da doença mental e da necessidade de empatia ao lidar com as lutas que muitos enfrentam em silêncio.

11. Nos Sombras da Ambição

Na escuridão das ruas de uma Inglaterra Vitoriana sufocada pelo ar pesado da revolução industrial, onde os pobres lutavam pela sobrevivência dia após dia, o nome de Mary Ann Cotton começou a se espalhar, sussurrado com temor. Ninguém imaginava que aquela mulher comum, que parecia tão inofensiva, escondia um lado sombrio e impiedoso, moldado pelas dificuldades de uma vida de privações. Mas logo Mary Ann se revelaria como uma das assassinas mais notórias da Grã-Bretanha.

Mary Ann nasceu como Mary Ann Robson, em 31 de outubro de 1832, em um vilarejo de mineração em County Durham, onde o pai, Michael Robson, arriscava a vida todos os dias nas minas. Desde cedo, Mary Ann foi confrontada com a fragilidade da vida. E foi aos oito anos, quando o pai morreu em um acidente de mineração, que sua visão de mundo começou a se distorcer. O sofrimento e a necessidade de sobrevivência marcaram-na profundamente, e com o tempo, ela aprendeu a ver a morte como um meio para um fim.

Em sua juventude, Mary Ann era uma garota reservada, de gestos calculados e olhar distante. Ela raramente demonstrava emoções genuínas. Com a morte do pai, precisou amadurecer rapidamente, ajudando a mãe, Margaret, nas tarefas domésticas e cuidando dos irmãos menores. Naquela época, não havia espaço para a educação formal, então ela se tornou hábil em tudo que era necessário para manter uma casa, mas algo obscuro estava crescendo dentro dela, alimentado por uma revolta silenciosa e um desejo insaciável de fugir do destino que lhe parecia imposto.

Aos vinte anos, Mary Ann casou-se com William Mowbray, um minerador semelhante ao pai, e teve vários filhos. Mas, logo, um padrão perturbador surgiu: um após o outro, os filhos morriam ainda na infância, com causas atribuídas a doenças comuns na época, como febres e disenteria. Porém, mesmo em uma época onde a mortalidade infantil era alta, as mortes frequentes ao redor de Mary Ann começaram a levantar suspeitas silenciosas. No entanto, ninguém ousava falar abertamente.

No luto, Mary Ann se mostrava sempre calma, embora sua dor parecesse meticulosamente controlada. Em cada funeral, ela se certificava de receber o seguro de vida de seus filhos e de cada um de seus maridos. Para ela, cada morte representava uma pequena soma de dinheiro, o suficiente para mantê-la confortável naquele mundo cruel.

Quando William Mowbray morreu repentinamente em 1865, de uma "doença gástrica", Mary Ann coletou o seguro de vida dele e se casou rapidamente com George Ward, um trabalhador local. Mas George logo começou a apresentar sintomas estranhos e, como muitos outros, morreu em 1866, com dores intensas no estômago. Mary Ann chorou no funeral, vestida de preto, e assegurou-se de receber mais uma apólice de seguro.

Mary Ann havia se tornado uma mestre em enganar. Passava como a viúva enlutada, sempre marcada pela perda de entes queridos, enquanto os vizinhos achavam que ela era apenas uma vítima do azar. Mas, a cada morte, sua confiança crescia, e seu rosto mostrava um misto de satisfação e frieza que os outros não percebiam. Casou-se novamente com James Robinson, um viúvo local, e seus filhos começaram a morrer, um a um, de doenças inexplicáveis. Ninguém suspeitava da verdade, pois Mary Ann continuava sendo uma mulher atenciosa e habilidosa na administração da casa.

Ao se casar pela quarta vez com Frederick Cotton, Mary Ann manteve o ciclo. Frederick e seus filhos também adoeceram e morreram misteriosamente, deixando mais dinheiro para a viúva. Nesse ponto, os sussurros começaram a crescer entre os moradores. O número de mortes que cercavam Mary Ann já não passava despercebido.

Quando Charles Edward Cotton, seu enteado, morreu inesperadamente em 1872, finalmente as autoridades se deram conta de que algo estava errado. Uma autópsia revelou traços de arsênico no corpo do menino. Mary Ann Cotton tinha se tornado descuidada, e o quebra-cabeça macabro começava a se encaixar. Exumaram os corpos de outros de seus familiares, e o veneno foi encontrado em todos.

A notícia da prisão de Mary Ann chocou a sociedade vitoriana. Uma mãe, uma esposa, culpada de tais crimes horrendos. Durante o julgamento em 1873, ela permaneceu calma, negando tudo. Mantinha-se firme, alegando ser vítima de uma série de tragédias infelizes. Mas as evidências eram incontestáveis. Testemunhas falaram sobre os seguros de vida, as mortes súbitas, e os sintomas claros de envenenamento. O júri não precisou de mais de uma hora para condená-la.

Nos dias finais, Mary Ann manteve-se fria. Negou remorso e insistiu em sua inocência até o fim. No dia 24 de março de 1873, ela foi enforcada pela morte de Charles Edward Cotton. Estima-se que ela tenha sido responsável por pelo menos 21 mortes, mas muitos acreditam que o número foi ainda maior.

A história de Mary Ann Cotton revelou à sociedade vitoriana o quanto o lar podia esconder segredos mortais. Ela mostrou ao mundo que o veneno, silencioso e letal, podia ser administrado na própria intimidade da vida familiar, através de alimentos e bebidas. Suas ações levaram a uma maior vigilância sobre o uso de venenos e ajudaram a impulsionar a ciência forense, especialmente na detecção de arsênico.

Mary Ann Cotton permanece como um símbolo do mal oculto sob a fachada da normalidade. Uma mulher que sacrificou maridos e filhos pela ambição, que não hesitou em destruir sua própria família para escapar da pobreza. Sua vida é um lembrete sombrio de até onde pode ir a ambição humana e os extremos da depravação moral.

"Eu nunca suspeitei que ela fosse capaz de tamanha crueldade. Ela parecia uma mãe tão carinhosa", uma vizinha desabafou, refletindo o choque de muitos que haviam sido enganados pela aparência serena de Mary Ann.

No final, o legado de Mary Ann Cotton não é de grandeza, mas de horror. Ela nos lembra que o mal pode ter muitas faces — às vezes, até a de uma mãe cuidando dos filhos nas ruas enevoadas de uma Inglaterra Vitoriana.

12. Peso da Decisão Sombria

Em meio à devastação deixada pela Segunda Guerra Mundial, o Japão lutava para reconstruir sua economia e sociedade. A guerra trouxe uma onda de destruição e miséria que afetou milhares de famílias, forçando-as a lidar com a pobreza e o desespero. Foi nesse cenário desolador que surgiu uma história sombria, uma tragédia que deixou o Japão perplexo e horrorizado. No centro dessa história estava Miyuki Ishikawa, uma mulher que, outrora uma parteira respeitada, tornou-se o epicentro de um dos casos criminais mais perturbadores do país.

Miyuki nasceu em 24 de janeiro de 1897, numa vila rural no Japão. Desde pequena, vivia uma vida simples, marcada pelo respeito e devoção aos valores tradicionais japoneses. O foco na família e nas responsabilidades domésticas sobrepunha-se à educação formal, e assim, ela cresceu sem muita escolaridade, mas com uma grande determinação e habilidade para cuidar dos outros. Foi essa mesma habilidade que a levou a se tornar parteira, uma carreira onde o cuidado e a compaixão eram indispensáveis.

Casada com Takeshi Ishikawa, um médico respeitado, Miyuki acreditava que sua vida estaria para sempre dedicada a ajudar os outros. Juntos, os dois formavam uma dupla admirada pela comunidade. Enquanto Takeshi atuava como médico, Miyuki se dedicava aos partos e aos cuidados das novas mães e bebês, ganhando respeito e confiança dos pacientes. Mas o Japão do pós-guerra era um lugar de extrema pobreza, onde muitas famílias mal tinham condições de cuidar de si mesmas, quanto mais de crianças recém-nascidas. Miyuki via, dia após dia, as dificuldades que esses pais enfrentavam, e essa visão a afetou profundamente.

Com o tempo, uma ideia distorcida começou a se formar na mente de Miyuki. Para ela, parecia cruel permitir que esses bebês viessem ao mundo apenas para sofrer uma vida de privação e miséria. Pouco a pouco, ela passou a acreditar que sua função como cuidadora poderia significar impedir que esses bebês enfrentassem esse destino difícil. Foi assim que sua tragédia pessoal começou.

No início, as mortes de bebês sob os cuidados de Miyuki eram vistas como consequências naturais da falta de recursos e do caos social do pós-guerra. A mortalidade infantil era alta, e muitos acreditavam que esses bebês simplesmente não tinham forças para sobreviver. Mas Miyuki sabia o que estava fazendo. Em sua mente, ela não via seus atos como cruéis; via-se como alguém oferecendo um "alívio", uma forma de misericórdia.

Os primeiros casos ocorreram quase por acaso. Miyuki negligenciava um bebê aqui, deixava de alimentar outro ali. Os registros médicos, confusos e incompletos, camuflavam suas ações. Mas com o tempo, seu comportamento se tornou mais frio e calculado. Ela agora deliberadamente deixava os bebês morrerem, acreditando que estava poupando essas crianças de um futuro miserável.

Apesar do horror crescente, Miyuki agia com calma. Quando perguntada, seus colegas ficavam chocados com a serenidade com que ela falava sobre as mortes. "Eles estariam melhor assim," dizia, com os olhos distantes, como se estivesse certa de que havia feito o certo.

Mas a verdade começou a emergir. Nos anos 1950, a quantidade de mortes sob os cuidados de Miyuki chamou a atenção das autoridades. Uma investigação foi lançada e, finalmente, descobriram o que muitos temiam: mais de 100 bebês haviam morrido nas mãos de Miyuki. As famílias e a comunidade ficaram em choque. A mulher que antes era vista como uma cuidadora confiável havia se tornado uma assassina impiedosa.

No tribunal, Miyuki permaneceu impassível. Defendeu suas ações, afirmando que estava ajudando os bebês e suas famílias, e acusou o estado de não dar o apoio necessário aos pais. Em sua visão, ela estava sendo punida por tentar corrigir as falhas do sistema, por fazer o que acreditava ser necessário.

"Eu vi o futuro deles," disse ela, com uma calma perturbadora, "e não seria vida."

Mas o público e a corte viam as coisas de outra maneira. A crueldade de seus atos chocou o país. Testemunhas, incluindo enfermeiras e funcionários do hospital, descreveram Miyuki como uma mulher que havia perdido toda a empatia. As vozes dos colegas eram misturadas de horror e incredulidade. "Ela parecia tão gentil, mas nunca imaginamos o horror que acontecia debaixo de nossos olhos," um deles testemunhou, a voz trêmula de emoção.

O julgamento de Miyuki revelou não apenas seus crimes, mas também as falhas profundas no sistema de saúde e na assistência social do Japão. O público indignado exigia mudanças, uma revisão do sistema que permitiu a Miyuki agir impune por tanto tempo. A própria essência do papel de um cuidador foi questionada. Onde termina o dever de proteger e começa o direito de decidir sobre a vida e a morte?

Miyuki foi condenada por múltiplos assassinatos e recebeu uma pena de quatro anos de prisão—a sentença foi considerada leve demais, especialmente dada a magnitude de seus crimes. Muitos japoneses acreditavam que ela deveria ter recebido uma punição mais severa, mas as circunstâncias da época e a falta de precedentes para um caso como o dela influenciaram a decisão final. Ainda assim, sua condenação marcou o início de uma série de reformas no sistema de assistência social japonês, e seu caso passou a ser conhecido como o Incidente Ishikawa.

Após sua liberação, Miyuki desapareceu da vida pública. Nunca expressou arrependimento ou remorso. Para alguns, sua frieza era sinal de uma mente perversa e calculista. Para outros, ela era o produto de um sistema falho, uma mulher destruída pelas circunstâncias e pela pressão. Contudo, a opinião pública permaneceu dividida. Seria Miyuki Ishikawa uma assassina ou uma vítima das circunstâncias?

O Japão nunca se esqueceu desse caso sombrio. A história de Miyuki continua a ser estudada e analisada, um lembrete sombrio das tragédias que ocorrem quando um sistema falha em proteger os mais vulneráveis.

13. Sombras de Manchester

Nas ruas cinzentas de Manchester do pós-guerra, onde o coração industrial da Inglaterra batia em meio ao céu carregado de fumaça e as comunidades lutavam para se reerguer, a história de Myra Hindley teve início. Nascida em 23 de julho de 1942, ela parecia ser uma criança comum da classe trabalhadora – discreta, quieta e quase despercebida. Mas, por trás daquela aparência normal, a vida de Myra logo desabaria em uma das páginas mais sombrias da história britânica.

Myra era a mais velha de dois filhos. Seu pai, Bob Hindley, serviu no exército durante a Segunda Guerra Mundial e frequentemente estava ausente. Quando finalmente retornava, os traumas da guerra o deixavam severo e distante. Sua mãe, Nellie, esforçava-se para manter a casa, e o peso de criar dois filhos em meio às dificuldades econômicas parecia demais para ela. Em uma casa onde o amor era raro, Myra aprendeu desde cedo a cuidar de si mesma.

Crescendo em um mundo difícil, a infância de Myra foi marcada por instabilidade. A escola oferecia pouco alívio. Ela era descrita como uma aluna mediana, mas sofria com provocações e bullying, o que começou a construir sua fachada dura. A instabilidade em casa e na escola criou nela um vazio e uma necessidade de aceitação, algo que mais tarde seria explorado de forma devastadora.

Na adolescência, Myra começou a mudar. Ela pintava o cabelo de loiro, vestia roupas mais ousadas e buscava maneiras de se destacar. Por mais forte que tentasse parecer, dentro dela ainda havia uma jovem confusa, desesperada por aprovação e em busca de um propósito.

Aos 18 anos, começou a trabalhar em escritórios, e foi em um desses trabalhos que conheceu Ian Brady, um homem que mudaria sua vida – e a de muitos outros – de forma inimaginável. Ian era quieto, intenso e inteligente, bem diferente de qualquer pessoa que Myra já tinha conhecido. Ela ficou instantaneamente fascinada por ele. Mas havia algo sombrio em Ian. Ele era fascinado pelos horrores nazistas, pelo crime, pela violência, e alimentava essas ideias na mente de Myra. Lentamente, ele começou a moldar seus pensamentos e crenças, até que ela compartilhasse daquela visão de mundo distorcida.

A relação deles tornou-se tóxica. Ian era carismático e dominante, e Myra o seguia em um mundo de fantasia e violência. Juntos, começaram a fantasiar sobre cometer crimes, sobre obter controle de forma brutal – através do assassinato. A necessidade de aceitação de Myra era tão profunda que ela mergulhou nas fantasias sádicas de Ian, enterrando qualquer vestígio de consciência moral sob sua obsessão por ele.

A primeira vítima foi Pauline Reade, uma jovem de 16 anos. Era 12 de julho de 1963, quando Myra, com seus cabelos loiros e um sorriso gentil, atraiu Pauline para dentro de sua van com a desculpa de procurar uma luva perdida. Pauline, confiando naquela jovem mais velha, entrou, sem saber que Ian Brady estava à espreita. Nos ermos sombrios dos pântanos fora de Manchester, Ian atacou e matou Pauline enquanto Myra assistia, sem nada fazer para impedir. De fato, ela ajudou a enterrar o corpo depois. Esse primeiro assassinato foi o ponto de partida para um caminho horrível que duraria dois anos e ceifaria a vida de mais quatro crianças.

Cada uma das vítimas – John Kilbride, Keith Bennett, Lesley Ann Downey e Edward Evans – era jovem, inocente e vulnerável. Myra usava sua aparência para ganhar a confiança deles, oferecendo carona ou ajuda. Uma vez isolados nos pântanos, Ian agia de forma brutal. O casal encontrava prazer em torturar as vítimas, chegando ao ponto de gravar alguns desses atos cruéis.

A crueldade dos crimes chocou a nação. Eles não apenas matavam suas vítimas; torturavam-nas, registrando os últimos momentos de terror delas. Uma das lembranças mais angustiantes do caso é a gravação de Lesley Ann Downey, de apenas 10 anos, onde seus gritos por sua mãe foram capturados em detalhes assustadores.

Com o tempo, o casal se sentia invencível. Mas foi com a última vítima, Edward Evans, de 17 anos, que tudo veio à tona. Diferente dos outros assassinatos, este foi testemunhado pelo cunhado de Myra, David Smith, que fora convidado a assistir ao crime. Horrorizado com o que presenciou, David contatou a polícia no dia seguinte, e em 7 de outubro de 1965, Myra e Ian foram presos.

O julgamento que se seguiu foi um evento nacional. Myra, com seu cabelo loiro e olhar sereno, tornou-se o símbolo de uma feminilidade perversa – uma mulher que havia ajudado nos assassinatos sádicos de crianças inocentes. Ian já era visto como um monstro, mas para muitos era difícil entender como Myra podia ter participado. Ela manteve uma postura calma e composta durante o julgamento, mostrando pouca emoção enquanto os detalhes horríveis dos crimes eram revelados.

"Myra era tão culpada quanto Ian," disse um dos detetives depois. "Sua calma no tribunal era arrepiante. Não havia remorso, nenhum sinal de arrependimento."

O país inteiro ficou horrorizado com as evidências. As gravações dos últimos momentos de Lesley Ann Downey foram reproduzidas em tribunal, e tanto Ian quanto Myra foram condenados por assassinato. Myra recebeu duas sentenças de prisão perpétua e passaria o resto da vida atrás das grades. Apesar de várias tentativas de obter liberdade condicional, a revolta pública garantiu que ela nunca seria libertada.

Mesmo na prisão, Myra continuou sendo uma figura de fascínio e repulsa. Ao longo dos anos, tentou distanciar-se de Ian, retratando-se como vítima de sua manipulação. Ela afirmava que ele havia controlado cada movimento dela, que ela não teve escolha. Mas poucos acreditavam nela. O papel ativo que desempenhou nos assassinatos, o cálculo frio ao atrair as crianças e sua indiferença durante os crimes eram provas inegáveis de sua cumplicidade.

"Os olhos de Myra," recordou um policial envolvido na investigação, "tinham algo sombrio, algo que te arrepiava até os ossos."

Nos anos após sua prisão, Myra tornou-se símbolo do lado mais sombrio da natureza humana – uma prova de que até aqueles que parecem comuns, inofensivos, podem esconder uma maldade inimaginável. Seu caso levantou inúmeras perguntas sobre a natureza do mal, sobre como alguém como Myra, que um dia foi uma criança inocente, poderia se envolver em atos tão horríveis.

Sua história nos obriga a confrontar verdades incômodas: quanto de suas ações foi resultado da influência de Ian Brady? Ela poderia ter sido salva ou sempre foi capaz de tal crueldade? Essas perguntas permanecem sem resposta.

A vida de Myra Hindley terminou em 2002, após 36 anos de prisão. Ela morreu sem nunca explicar ou assumir total responsabilidade por seu papel nos assassinatos dos pântanos. Sua morte fechou o capítulo de um dos casos criminais mais infames da história britânica, mas as cicatrizes deixadas por ela e Ian Brady na nação – e nas famílias das vítimas – continuam.

Para as famílias de Pauline, John, Keith, Lesley Ann e Edward, a dor nunca se curou totalmente. O corpo de Keith Bennett nunca foi encontrado, e sua mãe faleceu sem saber onde ele foi enterrado, um lembrete doloroso da crueldade de Hindley e Brady.

"Myra Hindley tirou mais do que a vida das crianças," disse um familiar de uma das vítimas. "Ela roubou nossa paz, nosso futuro, e nos deixou com perguntas que jamais serão respondidas."

O legado de Myra Hindley é de pura maldade. Ela será lembrada não por quem foi, mas pelo que fez – um lembrete perturbador da fragilidade da inocência e da escuridão que às vezes se esconde atrás das faces mais comuns.

14. A Verdadeira História de Nannie Doss

Nannie Doss parecia uma avó comum, gentil e simpática, movendo-se com leveza e afeto. Quem a via nos anos 50, no interior dos Estados Unidos, mal podia imaginar o segredo obscuro que ela guardava. Ela era uma assassina sorridente, conhecida como "A Vovó Sorridente" — uma das figuras mais terríveis da história criminal americana.

Nannie nasceu como Nancy Hazle em 1905, em Blue Mountain, Alabama, em uma casa marcada pela violência e pobreza. Seu pai, James, era autoritário e abusivo, e sua mãe, Lou, estava sempre sobrecarregada. Desde pequena, Nannie sonhava com uma vida de felicidade e romance, um escape para seu cotidiano sombrio. Ela buscava desesperadamente o amor e a felicidade, mas a vida lhe trouxe solidão e frustrações.

Ainda jovem, aos 16 anos, Nannie casou-se com Charley Braggs, um homem de poucas palavras que trabalhava em uma fábrica local. Tiveram quatro filhos, e a vida parecia tranquila. Mas, atrás das aparências, o casamento estava longe de ser perfeito. Charley era frio e distante, deixando Nannie com as crianças, o que alimentava seu ressentimento e descontentamento. Em uma série de tragédias inexplicáveis, dois de seus filhos morreram misteriosamente. As mortes foram oficialmente atribuídas a envenenamento alimentar, mas Charley suspeitava de algo mais sombrio. Ele fugiu, levando consigo as duas crianças sobreviventes, deixando Nannie sozinha.

Com o tempo, Nannie se casou outras quatro vezes, e todos os seus maridos morreram de causas aparentemente naturais. Em cada caso, ela era beneficiária de pequenas quantias de seguro, dinheiro suficiente para lhe garantir uma vida modesta. No entanto, esses casamentos não trouxeram a paz e o amor que ela desejava, e sim novas tragédias e morte.

Nannie usava arsênico para envenenar suas vítimas, misturando a substância em alimentos e bebidas. Sua frieza era assustadora. Ela não hesitava em envenenar aqueles que lhe eram mais próximos — maridos, filhos, netos e até sua própria mãe. Cada morte era meticulosamente planejada e se encaixava em sua visão de uma vida melhor, sem os obstáculos que ela imaginava que essas pessoas representavam.

Por anos, ninguém suspeitou de Nannie. Sua aparência afetuosa e seu sorriso constante desarmavam qualquer desconfiança. Mesmo quando foi presa, ela manteve a calma, chegando a rir durante a confissão dos assassinatos. Essa risada peculiar lhe rendeu o apelido sinistro de "A Vovó Sorridente."

Foi seu último marido, Samuel Doss, que trouxe o fim de sua série de crimes. Samuel era rígido e não tolerava as obsessões de Nannie por romances açucarados e frivolidades. Pouco depois do casamento, ele adoeceu repentinamente, mas sobreviveu. Então, Nannie tentou de novo, e dessa vez ele não resistiu. Um médico, desconfiado da rapidez da doença, solicitou uma autópsia, que revelou altos níveis de arsênico. Nannie foi finalmente presa.

Durante os interrogatórios, ela permaneceu sorridente e até brincava enquanto confessava. Disse que estava "cansada" dos maridos e que via o envenenamento como um escape das dificuldades da vida. Era chocante ver como ela falava com naturalidade sobre as vidas que tirou, como se fossem meros obstáculos.

No tribunal, o país inteiro ficou atônito. Como uma avó simpática, que cozinhava para os vizinhos e cuidava do jardim, podia ser uma assassina fria? Essa pergunta ecoava por todos os Estados Unidos, e a imagem de Nannie sorridente se tornou símbolo de uma brutalidade que ninguém esperava.

A sentença de Nannie foi prisão perpétua. Ainda assim, ela continuou sorrindo, mantendo seu comportamento alegre. Na prisão, tornou-se uma espécie de celebridade; jornalistas a visitavam em busca de entender como alguém tão comum podia esconder um lado tão sombrio. Mesmo atrás das grades, Nannie encantava as pessoas com sua educação e riso contagiante.

Ela morreu em 1965, mas seu caso continua a fascinar e aterrorizar. Nannie Doss desafiou a ideia de que o mal tem uma aparência específica — seu sorriso disfarçava uma série de crimes cruéis e premeditados. Sua história é um lembrete de que, às vezes, as maiores ameaças vêm daqueles em quem confiamos.

"Ela parecia tão amável," dizia uma vizinha, incrédula. "Amava seu jardim, levava tortas para todos e cuidava da família. Nunca imaginaria isso dela."

Nannie Doss será para sempre lembrada como um exemplo de que o mal pode estar bem ao nosso lado, mascarado por uma aparência tranquila e um sorriso acolhedor.

15. Segredos Sombrio nas Águas

O ar frio da Inglaterra vitoriana envolvia as ruas movimentadas, escondendo segredos sombrios sob o nevoeiro e a fuligem do século XIX. Entre as sombras, Amelia Dyer deslizava como um fantasma, seu rosto sereno, sem traço de culpa, escondendo uma maldade calculada. Sua história não era apenas uma tragédia passageira, mas uma trajetória de ganância e engano que levaria aos crimes mais terríveis. Ela seria conhecida como a "Carniceira de Bebês", deixando uma cicatriz indelével na história do bem-estar infantil na Inglaterra.

Amelia Elizabeth Hobley nasceu em 1837, na pequena vila de Pyle Marsh, perto de Bristol. A caçula de cinco filhos, cresceu em uma família relativamente próspera, mas marcada por distâncias emocionais. Samuel Hobley, seu pai, um sapateiro dedicado aos negócios, pouco se importava com os filhos. Sua mãe, Sarah, não tardaria a ser consumida pela doença e pela loucura. O tifo atacou seu corpo e sua mente, e Amelia, ainda menina, assistia à degradação da mãe. As crises violentas e as alucinações de Sarah aterrorizavam a casa. Amelia segurava a respiração, rezando para que os olhos selvagens da mãe não se voltassem para ela. Esses momentos deixaram marcas profundas em sua mente, feridas que nunca se fecharam.

Com a morte de Sarah em 1848, Amelia talvez tenha sentido um alívio distorcido, mas a escuridão pairava sobre a casa. A jovem, inteligente e curiosa, adorava ler e escrever, mas essas alegrias lhe foram tiradas cedo. Enviada para Bristol, foi morar com uma tia e treinou como enfermeira. Aquilo que deveria ser uma vocação de cuidado logo se tornou um caminho sombrio. O casamento com George Thomas, em 1861, um homem de 59 anos, abriu a porta para uma nova vida, mas não foi o refúgio que Amelia esperava. Mentindo sobre sua idade, disse ter 30 anos, embora tivesse apenas 24. George também reduziu sua idade por aparência, mas sua fragilidade física e a inquietação de

Amelia fizeram do casamento um fardo. Com a morte dele, em 1869, ela se viu sozinha e desesperada.

Naquele tempo, o negócio de "baby farming" era uma prática comum. Mulheres cuidavam de bebês indesejados ou ilegítimos em troca de pagamento. Mães solteiras, envergonhadas pela sociedade, procuravam alívio, e Amelia se aproveitava disso. A princípio, parecia um negócio legítimo, mas o dinheiro que recebia nunca bastava. A ganância a consumia. Ela logo percebeu que era mais lucrativo eliminar os bebês do que cuidar deles.

Seu caminho de crimes começou com opiáceos. Amelia drogava as crianças com láudano, conhecido como "Amiga das Mães", uma prática comum na época. Mas ela foi além. As overdoses matavam os bebês, e, como a mortalidade infantil era alta na Inglaterra vitoriana, as mortes passavam despercebidas. Porém, Amelia abandonou rapidamente os disfarces. Não mais usava drogas. Ela começou a estrangular as crianças com uma fita branca — sua marca registrada. Envolvia os pequenos corpos em panos e os jogava no rio, apagando suas curtas existências sem hesitação.

A cada mudança de nome e endereço, Amelia escapava das autoridades, aproveitando-se do desespero e vergonha das mães. Elas entregavam seus bebês e o pouco dinheiro que tinham, acreditando em promessas vazias. Amelia lhes dava mentiras e condenava seus filhos ao esquecimento. O rio se tornava o cemitério silencioso dos pequenos que confiavam em mãos assassinas.

Os anos de impunidade de Amelia terminaram em 1896. O corpo de uma bebê, Helena Fry, foi retirado do Rio Tâmisa, envolto em tecidos que levaram diretamente até Amelia. O medo começou a aparecer em seus olhos. A investigação revelou uma trilha macabra de mortes. A máscara fria que Amelia mantinha começou a rachar.

O julgamento foi rápido, como seus crimes. Amelia se mostrava indiferente, sem remorso. Testemunhas a descreveram como manipuladora, uma mulher fria movida pela ganância. Quando teve a chance de se defender, disse apenas: "Não tenho nada a dizer." O público ficou horrorizado. Amelia Dyer não era apenas uma assassina; era um monstro que se aproveitava dos mais vulneráveis. Sua imagem foi estampada nos jornais e seu nome sussurrado com medo. Em 10 de junho de 1896, Amelia foi enforcada. Não demonstrou arrependimento. Para ela, as crianças eram apenas meios para alcançar riqueza. Sua execução pôs fim ao seu reinado de terror, mas não apagou a mancha que deixou na história. Seus crimes expuseram as falhas de um sistema que permitia que vidas fossem tratadas como mercadorias. A indignação pública levou à criação do Infant Life Protection Act em 1897, estabelecendo leis mais rigorosas para a proteção de crianças em lares adotivos.

Mas nenhuma lei poderia desfazer o mal que Amelia causou. Seu nome se tornou sinônimo de crueldade. Mesmo hoje, sua história serve como um aviso sombrio sobre o que pode surgir das rachaduras de uma sociedade indiferente. As crianças que ela matou não serão esquecidas. Suas breves vidas testemunham os horrores cometidos em nome da ganância.

Nos momentos finais, enquanto as cordas se apertavam em volta de seu pescoço, Amelia encarava o vazio. Suas últimas palavras — "Não tenho nada a dizer" — ecoam até hoje, refletindo o vazio de sua alma. Ela levou seus segredos para o túmulo, mas a verdade de seus atos jamais seria enterrada. Amelia Dyer se foi, mas sua história permanece um alerta aterrador sobre o que acontece quando se vira as costas para os mais indefesos.

16. Sombras de Ganância e Traição

N as tranquilas ruas de Finchley, em Londres, havia uma pequena casa de maternidade que exalava uma aura de respeito. Amelia Sach era vista como uma enfermeira calma e dedicada, oferecendo cuidado a mulheres solteiras e prometendo aos seus bebês indesejados um futuro melhor. Mas, por trás do rosto amável e das palavras gentis, escondia-se uma escuridão que chocaria a nação. Seus crimes não eram movidos por raiva ou paixão, mas por ganância e uma completa falta de empatia. Ao lado de sua cúmplice, Annie Walters, Amelia se tornaria uma das assassinas de bebês mais notórias da história britânica.

Amelia nasceu em 1867, na vila rural de Hampreston, Dorset, filha de George e Mary Anne Sach. A vida na família era marcada pela pobreza. Seus pais trabalhavam como lavradores, lutando diariamente para sustentar os muitos filhos. A sombra da miséria pairava sobre a infância de Amelia, moldando suas ambições desde cedo. Ela cresceu observando o trabalho incessante dos pais, sempre presos ao ciclo de dificuldades. Desde pequena, jurou para si mesma que não viveria assim — ela queria mais, muito mais.

Amelia abandonou a escola cedo para ajudar a família, assumindo empregos domésticos. Aprendeu a arte do cuidado, desenvolvendo habilidades que a ajudariam mais tarde em sua carreira de enfermeira. No entanto, sua dedicação não era típica. Enquanto cuidava dos doentes e aliviava o sofrimento, sua mente alimentava um desejo crescente por estabilidade financeira e sucesso.

Em 1896, Amelia casou-se com William Horace Henry Stiles, um construtor, e juntos mudaram-se para Finchley, em busca de uma nova vida. Mas o casamento não trouxe a felicidade que Amelia esperava. Problemas financeiros atormentavam o casal, e a ausência de filhos parecia alimentar sua frustração. Ela observava outras famílias prosperarem, enquanto sua própria vida permanecia vazia. Apesar do esforço de William, nunca era suficiente para ela. Em meio ao desespero, Amelia encontrou uma oportunidade nas sombras da sociedade.

O século XX trouxe consigo a prática silenciosa do baby farming. Mães solteiras, rejeitadas pela sociedade, pagavam mulheres para cuidarem de seus bebês com a promessa de que seriam adotados por boas famílias. Amelia enxergou uma chance e abriu uma casa de maternidade em Finchley, oferecendo esperança para essas mães desesperadas. As mulheres entregavam seus filhos e o pouco dinheiro que tinham, acreditando na promessa de um futuro melhor para os bebês.

Mas Amelia nunca teve a intenção de cuidar das crianças. Logo encontrou uma aliada em Annie Walters, uma ex-parteira com um passado manchado por vícios e decisões questionáveis. Juntas, elaboraram um plano sinistro para ganhar dinheiro sem a responsabilidade de criar os bebês. Ao invés de encontrar lares para eles, as duas decidiram acabar com suas vidas.

A operação era fria e metódica. As crianças eram levadas para a casa de Amelia e recebiam uma dose fatal de clorodina, um sedativo comum na época, mas letal em excesso. O veneno as levava a um sono eterno, seus frágeis corpos incapazes de suportar a overdose. Depois de matá-las, Amelia e Annie vestiam os bebês com roupas novas, um gesto perturbador de cuidado final, antes de se desfazerem dos corpos. Enterravam-nos em covas rasas ou jogavam-nos no rio, apagando suas breves existências como se nunca tivessem vivido.

Amelia mantinha a aparência de uma enfermeira respeitável, enganando a todos ao seu redor. Mas, em 1902, a descoberta do corpo de um bebê em um rio próximo começou a desvendar seu esquema. A investigação levou diretamente à casa de maternidade de Finchley, revelando os horrores escondidos sob a fachada de respeito.

A prisão de Amelia e Annie gerou uma onda de indignação. Mães que confiaram em Amelia compareceram ao julgamento, seus rostos marcados pela dor e pela incredulidade. Como a enfermeira que oferecera conforto poderia ser responsável por atos tão monstruosos? Amelia, sentada no banco dos réus, manteve a frieza. Suas palavras eram poucas, e sua expressão permanecia inalterada, como se os crimes não a tocassem.

"Sou inocente de qualquer crime", declarou Amelia com firmeza. Mas as evidências eram incontestáveis. Annie, por outro lado, desmoronou no tribunal. Consumida pelo medo e pelo vício, apontou Amelia como a mente por trás dos assassinatos, na esperança de salvar a si mesma. A parceria que parecia sólida não resistiu ao peso da culpa compartilhada.

Em 1903, ambas foram condenadas à morte por assassinato. Na manhã de 3 de fevereiro de 1903, Amelia Sach e Annie Walters foram enforcadas. Amelia permaneceu em silêncio até o fim, enfrentando a forca com a mesma frieza que marcou sua vida. Suas últimas palavras foram um eco sombrio: "Sou inocente." Poucos acreditaram nela. O país respirou aliviado ao se livrar de uma de suas criminosas mais infames.

A história de Amelia não terminou com sua execução. A revolta pública provocada por seus crimes levou à criação do Infant Life Protection Act em 1908, impondo regulamentações mais rigorosas na proteção de crianças adotadas e em lares temporários. Embora Amelia não tenha contribuído para mudanças positivas, suas ações obrigaram a sociedade a enfrentar a realidade sombria do baby farming e a tomar medidas para proteger aqueles que não podiam se defender.

Hoje, Amelia Sach é lembrada como uma das figuras mais cruéis da história criminal britânica. Seu nome se tornou sinônimo de traição e crueldade. Ela usou suas habilidades como enfermeira não para curar, mas para destruir vidas inocentes. Embora as reformas que se seguiram tenham salvado muitas crianças, as vidas perdidas por sua ganância nunca serão esquecidas.

A enfermeira aparentemente gentil de Finchley enganou todos ao seu redor, mas, no fim, a justiça prevaleceu. Seu legado, marcado por horror e repulsa, permanece como um aviso sobre o que pode acontecer quando a ganância e a exploração são deixadas sem controle.

17. Venenos e Traição Silenciosa

Anna Maria Zwanziger estava junto à janela da cozinha, as mãos ágeis preparando a refeição da noite. O aroma de ervas flutuava no ar, mesclado com algo muito mais sinistro—arsênico, sua arma preferida. Seu semblante permanecia calmo e impassível, sem qualquer traço da escuridão que carregava dentro de si. Seus patrões confiavam plenamente nela, uma confiança que acabaria por destruí-los. Durante anos, Anna se infiltrou como empregada doméstica, oferecendo cuidado e eficiência enquanto, em segredo, preparava mortes, uma colherada de veneno por vez.

Nascida em 1760, em Nuremberg, Alemanha, Anna Maria Schönleben cresceu em um lar modesto. Seu pai era artesão e sua mãe administrava a casa simples da família. A infância de Anna foi marcada por dificuldades financeiras e pela frieza emocional dos pais. Em meio a tanta necessidade, ela aprendeu cedo que o mundo era duro e implacável. Na solidão de sua juventude, desenvolveu uma obsessão silenciosa por poder e controle—coisas que sentia nunca ter tido.

Recebeu apenas a educação básica esperada para uma mulher de sua classe. Cozinhar e limpar eram habilidades essenciais, mas ofereciam poucas esperanças de uma vida melhor. Ainda jovem, casou-se com o Sr. Zwanziger, acreditando que seria sua chance de escapar da pobreza. Mas o casamento não trouxe felicidade. Em vez disso, a união foi marcada por conflitos e privações. Tiveram filhos, mas as pressões de criar uma família sem recursos e o comportamento cada vez mais errático de Anna tornaram a convivência insuportável. Seu marido a abandonou, deixando-a sozinha com as crianças e um rancor profundo.

Sem marido e com filhos para sustentar, Anna recorreu ao trabalho doméstico, passando a trabalhar como governanta em lares abastados. Sua reputação como uma empregada confiável cresceu, e ela se movia entre famílias ricas com habilidade. Mas, por trás da fachada de dedicação, escondia-se uma mulher amargurada. A necessidade de segurança financeira se transformou em algo perigoso. Anna não via mais seus patrões como pessoas, mas como obstáculos a serem superados—e faria isso da forma mais mortal possível.

Sua série de assassinatos começou de forma silenciosa e sutil. Como governanta, tinha acesso à preparação de alimentos e remédios, o que lhe deu a oportunidade perfeita. Seu primeiro crime conhecido foi a morte da esposa de um patrão. A mulher estava doente, e Anna adicionou arsênico à comida, acelerando a morte sem levantar suspeitas. Naqueles tempos, a morte por doenças era comum, e a governanta dedicada não era questionada. A sensação de controlar a vida e a morte a embriagava, e logo Anna cometeu outros assassinatos.

O arsênico era sua arma preferida. Fácil de obter em pequenas quantidades e discreto o suficiente para não ser detectado, o veneno trabalhava devagar, causando sofrimento nas vítimas, como se estivessem adoecendo naturalmente. Anna não demonstrava prazer em vê-las sofrer, mas tampouco se importava. Justificava seus atos para si mesma: não matava por ódio, mas para melhorar sua situação. Em sua mente distorcida, as mortes eram apenas passos necessários para a sobrevivência.

Ela passava de uma casa para outra, conquistando a confiança de seus patrões enquanto tramava suas mortes. Por anos, evitou ser descoberta, protegida pela confiança cega que inspirava. Era vista como uma trabalhadora dedicada e discreta, uma figura acima de qualquer suspeita. Mas seu reinado de terror não duraria para sempre.

A desconfiança começou a surgir quando um de seus patrões, adoecendo misteriosamente, percebeu que os sintomas pioravam após as refeições preparadas por Anna. Desconfiado, ele alertou autoridades. Uma investigação foi aberta, e um padrão sombrio começou a emergir. As mortes em lares onde Anna trabalhou não eram coincidência. A cada nova descoberta, a rede de crimes que ela tecera em silêncio era desvendada.

Em 1809, Anna Maria Zwanziger foi presa. A investigação revelou a extensão de sua crueldade. Ela não apenas envenenara seus patrões, mas também seus familiares e colegas de trabalho, eliminando qualquer um que pudesse ameaçar sua estabilidade. Durante o julgamento, a frieza de Anna chocou a todos. Ela não demonstrava arrependimento, justificando seus atos de forma perturbadora. "Não envenenei ninguém por ódio, mas para melhorar minha condição", declarou em tribunal. Para ela, as mortes eram apenas um meio para alcançar segurança.

O julgamento foi amplamente coberto pela imprensa, e Anna se tornou um símbolo de traição e crueldade. A sociedade se horrorizava com a ideia de uma mulher em quem confiaram suas vidas ter se mostrado tão calculista e mortal. Mas Anna sempre fora hábil em esconder sua verdadeira natureza. Seu exterior de lealdade mascarara por anos a escuridão que a consumia.

Em 1811, foi condenada à morte e sentenciada à decapitação. No dia de sua execução, enfrentou a morte com a mesma frieza que marcara sua vida. Não implorou por perdão nem demonstrou remorso. Suas últimas palavras, "Não envenenei por ódio", ecoaram na mente daqueles que acompanharam o caso. Mas a verdade era muito mais sombria—Anna fora movida por ganância e uma necessidade insaciável de poder e controle.

Sua execução marcou o fim de sua jornada mortal, mas o impacto de seus crimes ressoou por anos. A confiança nas empregadas domésticas foi profundamente abalada, e seu caso levou a uma maior vigilância sobre práticas de trabalho em lares. As mortes silenciosas causadas por Anna Zwanziger expuseram uma vulnerabilidade assustadora—uma que o público não poderia mais ignorar.

Hoje, Anna Maria Zwanziger é lembrada como uma das envenenadoras mais infames da história. Sua história, marcada por manipulação, ganância e traição, serve como um lembrete arrepiante dos perigos escondidos por trás de máscaras de lealdade. O que a tornou verdadeiramente aterrorizante não foi apenas o número de vítimas, mas a maneira meticulosa e calculada com que explorou a confiança de quem dependia dela.

A vida de Anna Maria Zwanziger foi uma tragédia construída por suas próprias mãos. Em vez de buscar um caminho honesto para escapar da miséria, ela escolheu a destruição. Seu legado é de horror e é um lembrete sombrio do que a ambição desenfreada pode causar. Seu nome ficará para sempre associado à traição e ao lado mais cruel da natureza humana.

18. Sorriso da Morte Silenciosa

Belle Gunness não era uma mulher que passava despercebida. Alta e forte, sua presença dominava qualquer ambiente, deixando uma inquietação no ar. Por trás de sua fachada respeitável, escondia-se uma assassina fria e calculista, movida por ganância e um desejo incontrolável de poder. Nascida como Brynhild Paulsdatter Storset, em 11 de novembro de 1859, na gelada Selbu, na Noruega, Belle cresceu em meio à pobreza e privação. Essas dificuldades moldaram sua mente e plantaram a semente do que a transformaria em uma das assassinas mais notórias da história.

O início de Belle foi árduo. Seu pai, Paul Pedersen Storset, era pedreiro, um homem que trabalhava sem descanso, mas que mal conseguia sustentar a família. Sua mãe, Berit Olsdatter, cuidava dos filhos e da casa simples onde o frio das longas noites norueguesas nunca dava trégua. Belle cresceu com raiva da vida que conhecia. Determinada a escapar da miséria, prometeu a si mesma que não viveria na sombra da necessidade para sempre.

Em 1881, Belle deixou a Noruega para começar de novo nos Estados Unidos. Ela se estabeleceu em Chicago e, três anos depois, casou-se com Mads Ditlev Anton Sorenson. Juntos, pareciam construir uma vida pacífica. Porém, essa tranquilidade era apenas uma cortina fina escondendo as ambições sombrias de Belle. Eles tiveram quatro filhos, mas dois morreram sob circunstâncias suspeitas, levantando rumores que, na época, foram ignorados. Quando Mads morreu em 1900, supostamente de um ataque cardíaco, os sussurros de envenenamento começaram a se espalhar. Belle já esperava por esse momento. Recolheu o dinheiro do seguro de vida e usou o valor para comprar uma fazenda em La Porte, Indiana. Era ali que a verdadeira face de Belle emergiria.

A fazenda em La Porte tornou-se um cemitério silencioso. Distante dos olhares curiosos, Belle começou a publicar anúncios pessoais em jornais. Com promessas de amor e prosperidade, atraía homens ricos de todas as partes. "Venha para minha fazenda e vamos construir uma vida juntos", escrevia em suas cartas. Os homens chegavam à sua porta, cheios de esperança. Mas nenhum deles sairia vivo.

Belle era meticulosa. Usava diferentes métodos para matar, ora envenenando, ora golpeando com brutalidade. Depois, desmembrava os corpos e enterrava-os em covas rasas na fazenda. As vítimas desapareciam sem deixar vestígios, transformadas em nada mais que adubo na terra fria. Enquanto os vizinhos viam em Belle uma mulher trabalhadora e azarada no amor, ela continuava seu jogo mortal. As crianças brincavam no quintal, os animais pastavam, e ninguém desconfiava da escuridão que permeava cada canto da fazenda.

Por anos, Belle manteve sua fachada impecável. O fluxo constante de pretendentes desaparecidos passava despercebido. Mas, em 1908, algo inesperado aconteceu. Um incêndio devastou a casa principal, reduzindo-a a cinzas. Nos escombros, foram encontrados corpos carbonizados, incluindo os dos filhos de Belle. Entre eles, estava o corpo decapitado de uma mulher, inicialmente identificado como sendo o de Belle. Porém, ao escavarem mais profundamente na propriedade, os investigadores descobriram uma série de ossadas humanas enterradas no solo.

A fazenda de Belle revelou seus horrores ocultos. Cada corpo encontrado contava uma história interrompida por promessas falsas e ganância. Belle havia atraído homens solitários e vulneráveis, oferecendo-lhes o sonho de um lar e de amor verdadeiro, apenas para roubar suas vidas e riquezas. Mas havia uma pergunta que ninguém conseguia responder: onde estava Belle? O corpo decapitado seria mesmo dela? Ou teria ela fugido, fingindo a própria morte para continuar seu jogo em outro lugar?

Alguns acreditavam que Belle escapara, desaparecendo na noite com o mesmo sangue-frio que a acompanhara em seus crimes. Outros especulavam que um dos pretendentes, descobrindo seu esquema, teria finalmente vingado as vítimas, matando-a e incendiando a casa. A verdade nunca foi revelada. Belle desapareceu nas sombras, levando consigo o segredo de seu destino final.

Ao longo da investigação, uma coisa ficou clara: Belle Gunness era movida por uma ganância insaciável. Cada assassinato era planejado com precisão, cada passo cuidadosamente calculado para evitar suspeitas. Ela manipulava e eliminava com a mesma facilidade com que sorria e enganava. A capacidade de encantar suas vítimas e manter a fachada de uma mulher respeitável era seu maior trunfo.

Os vizinhos que a conheciam ficaram atônitos. "Ela era forte, inteligente, uma mulher de respeito", lembravam-se. Belle sabia como se disfarçar na normalidade, escondendo sua verdadeira natureza por trás de um comportamento impecável. Sua habilidade de transitar entre o cotidiano e a morte com tanta facilidade fez dela uma predadora perigosa.

A revelação dos crimes de Belle causou indignação pública. Seu caso trouxe à tona os riscos das interações anônimas por meio de anúncios pessoais, forçando a sociedade a repensar a confiança cega. As leis sobre correspondências matrimoniais mudaram, mas nenhum decreto poderia desfazer o horror que ela havia causado. Seu nome tornou-se sinônimo de traição e crueldade, uma lembrança sombria das armadilhas escondidas sob fachadas aparentemente inocentes.

Belle Gunness deixou um legado de horror e mistério. Sua capacidade de escapar por tanto tempo e seu talento para seduzir e matar a sangue-frio garantiram seu lugar na história como uma das assassinas mais notórias do mundo. Até hoje, sua história desperta questões inquietantes sobre a natureza do mal e a escuridão que pode habitar no coração humano.

A "Belle do Inferno" tirou muitas vidas, mas seu próprio destino permanece envolto em mistério. Teria ela morrido no incêndio? Ou teria escapado para recomeçar em outro lugar? Talvez nunca saibamos a resposta. Mas uma coisa é certa: Belle Gunness deixou para trás uma trilha de sangue e morte, lembrando o mundo das terríveis consequências da ganância e do desejo de poder.

19. Entre O Cuidado e a Crueldade

Bertha Gifford caminhava silenciosamente pelos campos de Missouri, os passos leves esmagando as folhas secas sob seus pés. A tranquilidade do interior era seu lar, um lugar onde todos a conheciam como uma mulher generosa e prestativa. Nascida Bertha Alice Williams, em 30 de outubro de 1872, ela cresceu imersa na rotina simples da vida rural. Os verões traziam o canto dos grilos e o calor das colheitas, enquanto os invernos duros ensinavam sobre resistência e sobrevivência. A comunidade em Morse Mill a via como uma mulher gentil, sempre pronta a cuidar dos enfermos. Mas por trás desse carinho, germinava algo sombrio.

Os pais de Bertha, William e Matilda Williams, eram trabalhadores dedicados. A vida era modesta, mas eles faziam o possível para manter a família alimentada e aquecida. Bertha, ainda criança, corria pelos campos com seus irmãos, aprendendo cedo sobre a natureza e a vida no campo. Sua mãe, uma mulher conhecedora de remédios naturais, ensinou-lhe sobre ervas e tratamentos caseiros, plantando nela uma curiosidade pela medicina. Essas lições a moldariam, mas não da forma que muitos imaginariam.

Em 1894, Bertha casou-se com Henry Graham, e juntos tiveram uma filha, Lila. A vida parecia encaminhar-se para o esperado papel de esposa e mãe de família. Contudo, o destino foi cruel. Henry morreu repentinamente, deixando Bertha viúva com uma filha pequena. A dor a tomou, mas ela seguiu em frente. Em 1907, casou-se novamente, desta vez com Eugene Gifford, um fazendeiro local, e juntos tiveram um filho, James. A nova família mudou-se para Catawissa, Missouri, onde Bertha consolidou sua reputação como enfermeira dedicada, sempre pronta a ajudar quem precisasse.

Bertha era conhecida por sua habilidade em aliviar o sofrimento. Preparava refeições e remédios caseiros para os doentes, conquistando a confiança de todos. Quando uma doença se abatia sobre uma família, era a primeira a ser chamada. Mas, com o tempo, surgiram murmúrios de que algo não estava certo. Muitos dos que caíam sob seus cuidados não se recuperavam. Morriam silenciosamente, com Bertha ao lado, oferecendo conforto até o fim.

Inicialmente, ninguém suspeitou. Naquela época, a morte era uma parte comum da vida, e doenças fatais eram corriqueiras. Bertha chorava com as famílias e oferecia suas condolências, ganhando ainda mais a confiança da comunidade. No entanto, à medida que os óbitos se acumulavam, um padrão sinistro começou a se formar. As mortes não eram naturais. Bertha estava envenenando seus pacientes.

Arsênico e outros venenos eram suas armas. Discretamente, misturava pequenas doses nas refeições e remédios, provocando mortes lentas e dolorosas. Alguns dos envenenados eram membros da própria família. Outros, pacientes que a chamaram em busca de ajuda. Bertha manipulava as pessoas ao seu redor, aproveitando a confiança que tinham nela para esconder sua verdadeira natureza.

Por quase duas décadas, seus crimes passaram despercebidos. Bertha mantinha a aparência de uma mulher devota, mãe e enfermeira dedicada. Ninguém poderia imaginar que por trás daquela figura bondosa se escondia uma assassina meticulosa. Mas sua sorte não duraria para sempre.

Em 1928, uma família enlutada começou a suspeitar. Exigiram uma investigação. Corpos foram exumados, e a verdade veio à tona. Os exames revelaram traços de arsênico nos restos mortais, ligando Bertha diretamente às mortes. A enfermeira tão querida agora era vista como uma assassina cruel. A notícia se espalhou rapidamente, chocando os moradores das pequenas cidades de Missouri.

Bertha foi presa, e seu julgamento atraiu atenção. Os vizinhos que antes a consideravam uma amiga de confiança ficaram horrorizados. "Ela sempre foi tão bondosa", murmurava um deles, incapaz de acreditar na verdade. A acusação apresentou evidências contundentes de envenenamento, e Bertha manteve-se firme em sua defesa, alegando inocência até o fim. "Eu nunca fiz mal a ninguém", repetia, como se as mortes fossem meras coincidências infelizes.

O júri, no entanto, não se deixou convencer. Bertha foi considerada culpada por dois assassinatos, embora muitos acreditassem que suas vítimas fossem muito mais numerosas. Diante de seu estado mental deteriorado, ela foi considerada insana e enviada para uma instituição psiquiátrica, onde passaria o resto de seus dias.

O caso de Bertha deixou uma cicatriz profunda na comunidade. As cidades de Catawissa e Morse Mill, que um dia a tinham como heroína, precisaram encarar a dura realidade de que haviam abrigado uma assassina. As implicações do caso foram além das pequenas cidades, trazendo maior conscientização sobre o uso de venenos e mudanças nos procedimentos forenses. As pessoas aprenderam que até as figuras mais confiáveis podem esconder segredos obscuros.

Bertha Gifford é lembrada como uma mulher de duas faces. De um lado, a enfermeira dedicada que oferecia cuidado e consolo. Do outro, uma assassina fria, movida por motivos que até hoje permanecem desconhecidos. Sua habilidade de manter uma aparência impecável enquanto cometia atrocidades a coloca entre as figuras mais perturbadoras da história criminal americana.

Hoje, seu nome é sinônimo de traição e crueldade. Sua história é uma lembrança arrepiante de que o mal pode se esconder em qualquer lugar—até mesmo por trás do sorriso caloroso de uma enfermeira aparentemente bondosa. Ela manipulou a confiança de suas vítimas, usando-a como arma para cumprir seus desejos sombrios. Sua trajetória serve como um lembrete de que, às vezes, os maiores perigos estão onde menos esperamos.

A vida de Bertha Gifford foi uma mistura trágica de cuidado e crueldade. As pequenas cidades onde viveu nunca esquecerão as sombras que ela trouxe, nem as vidas que apagou em sua busca insana por controle.

20. A Face Oculta da Bondade

Beverley Allitt cresceu na pacata comunidade de Grantham, Lincolnshire. Nascida em 4 de outubro de 1968, era filha de Richard e Lillian Allitt e viveu uma infância aparentemente comum ao lado de três irmãos. As manhãs nubladas e os verões úmidos da zona rural moldaram seus primeiros anos, mas por trás dessa rotina tranquila, havia algo perturbador crescendo dentro dela.

Desde pequena, Beverley buscava atenção incessantemente. Ela fingia doenças, fabricava ferimentos e passava boa parte do tempo em consultórios médicos, onde se sentia fascinada pelo poder dos profissionais de saúde. Na escola, era uma menina calada, isolada, que raramente fazia amizades. Seu interesse obsessivo por hospitais e enfermeiras escondia uma necessidade profunda de validação e controle, uma sombra que a acompanharia até a vida adulta.

Seus pais, Richard e Lillian, trabalhavam duro para sustentar a família. Richard era funcionário público e Lillian, faxineira de escola. Ambos tentavam dar aos filhos uma vida digna e cheia de valores, mas Beverley sentia-se sempre à margem, sufocada pela presença dos irmãos e pela falta de atenção exclusiva. Conforme crescia, essa necessidade de ser notada se aprofundava, e ela encontrou na enfermagem um caminho para finalmente exercer o controle e receber o reconhecimento que tanto almejava.

Na juventude, Beverley matriculou-se na escola de enfermagem, mas enfrentou dificuldades. Reprovou nos exames mais de uma vez, mas nunca desistiu. Determinada, conseguiu uma vaga como enfermeira auxiliar no Hospital Grantham e Kesteven. Era a conquista que sempre buscara: uma posição de confiança, em que poderia cuidar dos outros, mas também exercer poder sobre vidas frágeis.

Na ala infantil do hospital, Beverley finalmente encontrou o ambiente perfeito para seus impulsos sombrios. Ali, cercada por crianças vulneráveis, ela era vista como uma enfermeira atenciosa, pronta para agir nas situações mais críticas. Porém, por trás da dedicação aparente, Beverley tinha outros planos. Em apenas 59 dias de 1991, ela deu início a uma série de crimes que deixaria a nação em choque.

Usando doses letais de insulina e outros medicamentos, ela atacava seus pequenos pacientes. Algumas crianças sobreviveram, mas outras não tiveram a mesma sorte. Quatro delas—Liam Taylor, Becky Phillips, Claire Peck e Timothy Hardwick—perderam a vida sob seus cuidados. No total, 13 crianças foram vítimas de suas mãos, e as que sobreviveram ficaram marcadas para sempre por danos irreparáveis.

A cada emergência que ocorria, Beverley era a primeira a aparecer, agindo com calma e eficiência. Para seus colegas, ela era um exemplo de dedicação. "Ela salvou tantas vidas", comentavam, sem perceber que muitas das emergências eram provocadas por ela mesma. Cada crise era uma oportunidade para se destacar, recebendo aplausos por seu "heroísmo". A ironia cruel era que a própria Beverley colocava as crianças à beira da morte, apenas para depois se mostrar a salvadora.

Por algum tempo, ninguém suspeitou dela. Os pais confiavam cegamente na enfermeira que cuidava de seus filhos doentes. Seus colegas também a viam como uma profissional competente, incapaz de cometer qualquer maldade. No entanto, conforme os casos de mortes e emergências aumentavam, algumas dúvidas começaram a surgir. Algo não estava certo na ala infantil.

Os médicos e a equipe do hospital passaram a notar um padrão inquietante. As emergências sempre aconteciam quando Beverley estava de plantão. A frequência das mortes parecia inexplicável. Uma investigação foi iniciada e, à medida que os registros do hospital eram analisados, o quadro sombrio começou a se revelar. Beverley estava por trás dos incidentes.

Em 1993, ela foi presa. Durante o julgamento, vieram à tona detalhes aterradores sobre como injetava insulina e potássio nas crianças. Beverley manteve-se em silêncio, a expressão fria e impassível.

Negou todas as acusações, mas as evidências contra ela eram esmagadoras. A imprensa a apelidou de "Anjo da Morte", um título que refletia a dualidade entre sua aparência de cuidadora e seus atos mortais. O tribunal a considerou culpada por quatro assassinatos, três tentativas de assassinato e seis casos de agressão grave. Beverley foi condenada a 13 penas de prisão perpétua, garantindo que nunca mais voltaria a ser uma ameaça para a sociedade. O juiz descreveu seus crimes como "excepcionalmente graves" e "profundamente perturbadores".

Diagnosticada com síndrome de Münchausen por procuração—a condição em que um cuidador causa dano a outros para obter atenção e simpatia—Beverley foi transferida para o Hospital Psiquiátrico Rampton, onde permanece até hoje.

O caso de Beverley Allitt abalou o Reino Unido e expôs falhas graves no sistema de saúde. Hospitais de todo o país foram forçados a revisar seus procedimentos de contratação e a adotar medidas mais rigorosas para monitorar o comportamento de funcionários, especialmente em áreas críticas como pediatria. A confiança no sistema foi abalada, e a pergunta que ecoava era: como alguém como Beverley pôde passar despercebida por tanto tempo?

Para as famílias das vítimas, nenhuma mudança no sistema de saúde poderia reparar a dor. "Ela era quem deveria proteger nossas crianças", lamentou um pai. "Mas, em vez disso, ela as tirou de nós." A traição foi devastadora. Beverley havia destruído a confiança mais sagrada—aquele vínculo entre cuidador e paciente, entre enfermeira e família.

Hoje, o nome de Beverley Allitt é sinônimo de traição e crueldade. Seu caso é estudado por criminologistas e psicólogos, que tentam compreender o que levou uma mulher aparentemente normal a cometer tais atrocidades. Foi apenas uma busca por atenção? Ou havia algo ainda mais perturbador em sua psique? As respostas continuam evasivas, mas sua história serve como um alerta sombrio sobre o perigo oculto naqueles em quem confiamos.

O "Anjo da Morte" deixou uma marca indelével na memória coletiva. Sua história é uma lembrança perturbadora de que nem todos os que cuidam o fazem por compaixão. Beverley manipulou seu ambiente com maestria, escondendo suas intenções até ser tarde demais. Seu legado continua sendo um dos mais inquietantes na história do crime moderno, uma prova de que o mal pode se disfarçar sob o manto da bondade.

As ações de Beverley Allitt ainda assombram as famílias das vítimas e o sistema de saúde que falhou em detê-la a tempo. Sua história é um alerta poderoso sobre a importância da vigilância e da responsabilidade em profissões que lidam com vidas humanas. Ela é a prova de que a confiança mal colocada pode trazer consequências devastadoras—e que nem todos os anjos vêm para salvar.

21. Sombra Sob um Sorriso Gentil

B lanche Taylor Moore era o retrato da simpatia sulista, uma mulher de sorriso acolhedor e devota frequentadora da igreja. Na pacata região rural da Carolina do Norte, onde as pessoas conheciam seus vizinhos pelo nome, ela era vista como uma mulher generosa e de boa fé. Ninguém poderia imaginar que, por trás daquela aparência de bondade, havia uma escuridão tão profunda que chocaria a comunidade e o país. O que viria à tona revelaria como o mal pode se esconder sob a máscara mais amável.

Blanche Kiser nasceu em 17 de fevereiro de 1933, em Concord, Carolina do Norte. A vida em sua casa era moldada pela pobreza da Grande Depressão e pelos abusos do pai, Parker Kiser. Parker era um alcoólatra violento, e seus acessos de fúria transformavam a casa num lugar de medo constante. Blanche, junto com sua mãe, Flonnie, e seus seis irmãos, vivia à sombra desse terror. Cada movimento era medido para não provocar a ira do pai, e o desejo de escapar daquele ambiente foi gravado em sua alma desde cedo.

Na escola, Blanche encontrou um refúgio. Era uma aluna mediana, discreta e pouco destacada, mas tinha um talento único: ela sabia como conquistar a confiança e a simpatia das pessoas. Aprendeu a manipular as percepções alheias, usando sua simpatia como uma arma silenciosa. À medida que crescia, seu desejo por uma vida melhor se intensificava. Blanche ansiava por segurança e respeito, coisas que nunca conheceu em sua infância difícil.

Em 1952, Blanche se casou com James Napoleon Taylor. Eles tiveram dois filhos, Cindy e Steven, e a vida parecia seguir o caminho esperado. No entanto, o casamento escondia problemas. James enfrentava dificuldades de saúde, e as finanças da família eram instáveis. A inquietação de Blanche crescia. Em 1973, James morreu repentinamente, com a causa registrada como ataque cardíaco. Houve rumores, sussurros de que algo mais sinistro havia acontecido, mas Blanche desempenhou perfeitamente o papel de viúva inconsolável.

Ela era uma presença constante na igreja, cantando no coral e participando de serviços religiosos, ganhando a confiança e o carinho da comunidade. Ninguém desconfiava que ela pudesse ter algo a ver com a morte de James. Blanche encontrou nos olhares de simpatia e nas palavras de conforto exatamente o que sempre buscara: controle, atenção e admiração.

Após a morte de James, Blanche seguiu em frente rapidamente. Iniciou um relacionamento com Raymond Reid, um empresário local que conhecera durante seu trabalho na Kroger. Raymond era gentil e estava apaixonado por ela. Mas logo ele começou a adoecer. Sentia-se constantemente cansado e com dores no estômago, sintomas que pioravam com o tempo. Os médicos não conseguiam encontrar uma explicação para sua doença. Blanche cuidava dele com dedicação, mas o veneno estava nos cuidados que oferecia.

Raymond morreu em 1986, e novamente Blanche se viu cercada pela simpatia da comunidade. Pouco tempo depois, começou a namorar Dwight Moore, um pastor local. A atração de Dwight por Blanche foi imediata, e o casal logo ficou noivo. Porém, poucos dias antes do casamento, Dwight adoeceu de forma violenta. Ele sentia dores insuportáveis e seu corpo parecia se deteriorar. Os médicos estavam perplexos, mas desta vez, a verdade emergiria.

Após exames detalhados, os médicos descobriram altos níveis de arsênico no corpo de Dwight. Essa descoberta foi o início de uma investigação que traria à tona segredos sombrios. Os corpos de Raymond Reid e James Taylor foram exumados, e os exames confirmaram a presença do mesmo veneno. A mulher que todos viam como uma alma caridosa era, na verdade, uma assassina meticulosa.

A prisão de Blanche Taylor Moore em 1989 deixou todos atônitos. A mulher conhecida como devota da igreja e parceira amorosa foi desmascarada como uma serial killer fria e calculista. Seu julgamento, em 1990, capturou a atenção de todo o país. A acusação detalhou como Blanche administrava pequenas doses de arsênico ao longo do tempo, mantendo suas vítimas em um ciclo lento de dor até a morte. Seu controle sobre a vida e a morte era preciso e planejado, e ela manteve sua fachada até não poder mais.

Durante o julgamento, Blanche manteve sua postura calma e negou todas as acusações. "Eu os amava", disse ela ao tribunal, sua voz suave e controlada. Mas as evidências eram irrefutáveis. Ela havia envenenado James Taylor, Raymond Reid e tentado matar Dwight Moore. As suspeitas se estendiam até mesmo a outros familiares, incluindo seu pai e sua sogra. A corte a condenou à pena de morte pelo assassinato de Raymond Reid e pelas tentativas de assassinato de Dwight.

Sentada no tribunal, Blanche ouviu o veredito sem qualquer demonstração de remorso. A mulher que havia enganado tantos por tanto tempo finalmente enfrentava as consequências de seus atos. Sua sentença foi clara: ela passaria o resto da vida no corredor da morte. As revelações chocaram a comunidade e forçaram uma reflexão amarga sobre confiança e traição.

O caso de Blanche Taylor Moore mudou a forma como as investigações de envenenamento eram conduzidas nos Estados Unidos. As autoridades passaram a adotar práticas mais rigorosas para detectar envenenamentos e investigar mortes suspeitas. Sua história permanece como um alerta sobre o perigo de confiar cegamente em quem parece ser gentil e amável.

Hoje, Blanche está presa, sua história um lembrete sombrio de que o mal nem sempre tem a aparência que esperamos. Às vezes, ele se esconde por trás de um sorriso acolhedor e uma voz suave. Os que a conheciam ainda lutam para entender como alguém tão envolvido com a fé e a comunidade poderia cometer atos tão atrozes.

"Ela parecia tão bondosa", disse um vizinho. "É difícil conciliar a mulher que conhecíamos com os crimes que cometeu." E é exatamente essa dualidade que torna Blanche tão aterrorizante. Ela não apenas tirava vidas—ela manipulava, traía e destruía com precisão calculada, tudo enquanto mantinha a imagem de uma mulher gentil e dedicada.

A obsessão de Blanche por controle não se limitava ao veneno que administrava. Cada ato era parte de um plano maior: manter sua imagem perfeita e garantir que nunca perdesse o poder que exercia sobre os outros. Suas vítimas, presas em sua teia de mentiras, nunca tiveram uma chance real. Quando perceberam o que estava acontecendo, já era tarde demais.

Blanche Taylor Moore é lembrada como uma das assassinas mais infames dos Estados Unidos. Seu nome é sinônimo de manipulação e traição, um exemplo cruel de como o mal pode se esconder nos lugares mais inesperados. Ela nos obriga a enfrentar a verdade desconfortável de que nem todos que parecem cuidar de nós o fazem por amor. Às vezes, o mal veste um sorriso e segura nossa mão enquanto lentamente tira nossas vidas.

22. Amor Tóxico e Sombras da Noite

Carol Mary Bundy nasceu em 26 de agosto de 1942, em Los Angeles, Califórnia. Aparentemente, sua vida era como a de qualquer outra criança da época, mas, por trás das portas de sua casa, a realidade era muito mais sombria. O pai, Charles Bundy, era um alcoólatra violento, enquanto a mãe, Gladys, lutava contra doenças mentais. A casa em que Carol cresceu, embora sob o céu ensolarado da Califórnia, era um lugar de medo e abandono. Tensão e violência enchiam cada canto, e o lar, em vez de refúgio, se tornava uma prisão.

Carol cresceu ansiando por atenção. Em meio ao caos familiar, onde amor e afeto eram inexistentes, ela buscava desesperadamente aprovação. Mudava de escola frequentemente por causa das dificuldades financeiras da família, tornando difícil criar laços ou encontrar seu lugar. Embora tenha conseguido se formar no ensino médio, os traumas de sua infância deixaram marcas profundas, tornando-a vulnerável e sempre à procura de alguém que preenchesse o vazio emocional que a acompanhava.

Seu relacionamento com os pais era frágil. O comportamento imprevisível e agressivo do pai fazia de Carol uma garota retraída e medrosa. A mãe, absorta em seus próprios problemas mentais, nunca conseguiu fornecer o apoio emocional que Carol tanto precisava. Embora compartilhasse os fardos dessa infância difícil com os irmãos, a relação entre eles era distante, moldada pelo sofrimento e pela sobrevivência diária.

Em busca de fuga, Carol se casou cedo, esperando encontrar estabilidade. Mas o casamento se revelou um novo ciclo de frustração e desilusão. Após vários relacionamentos fracassados, dois filhos—Cindy e Steven—e a dificuldade de cuidar deles, Carol se via frequentemente forçada a deixá-los com a mãe ou em lares temporários. Cada vez mais, ela sentia-se aprisionada no mesmo ciclo de abandono que marcara sua própria infância.

Nos anos 70, Carol encontrou algum alívio ao trabalhar como enfermeira licenciada. A profissão dava-lhe um propósito e, por algum tempo, parecia ser o caminho para a vida que tanto desejava. No entanto, os problemas financeiros e as relações instáveis continuavam a pesar sobre ela. O vazio interior nunca desaparecia, e Carol seguia buscando alguém que lhe desse o amor e a validação que tanto faltaram em sua vida.

Essa busca desesperada terminou de forma trágica em 1980, quando Carol conheceu Douglas Clark. Clark era charmoso, confiante e carismático—exatamente o tipo de homem capaz de seduzir uma alma carente como a dela. Vulnerável e solitária, Carol rapidamente se apaixonou por ele, acreditando ter encontrado o parceiro que tanto buscara. Mas Clark não era um homem comum. Ele guardava dentro de si um lado sombrio, um desejo macabro que logo viria à tona.

Clark começou a compartilhar com Carol suas fantasias violentas. Confessou-lhe o desejo de matar jovens mulheres, alimentando fantasias que a deixavam horrorizada, mas também intrigada. No início, Carol resistiu à ideia. Nunca se imaginara capaz de cometer tamanhas atrocidades. Mas Clark era manipulador. Ele explorava as fraquezas emocionais de Carol, pressionando-a até que, pouco a pouco, ela começou a aceitar suas ideias. A vontade de agradá-lo, de ser amada e valorizada, foi corroendo sua resistência.

Assim, o casal deu início a uma série de crimes que mais tarde seriam conhecidos como os Assassinatos da Sunset Strip. A dupla atraía jovens para o carro com falsas promessas de ajuda. Uma vez dentro, Clark as atacava sexualmente e, em seguida, as executava a sangue frio. Enquanto ele apertava o gatilho, Carol participava, ajudando a encobrir as evidências e encorajando o comportamento sádico do parceiro.

O medo tomou conta de Los Angeles enquanto corpos de jovens mulheres eram encontrados perto da Sunset Strip. A imprensa especulava sobre os assassinos, mas ninguém imaginava que uma enfermeira aparentemente comum pudesse estar envolvida em crimes tão brutais. Carol, enquanto isso, mantinha a rotina. Lia seus romances, continuava trabalhando e se apresentava ao mundo como uma mulher comum. Mas por trás dessa fachada, afundava cada vez mais na escuridão.

A transformação de Carol de vítima manipulada para cúmplice ativa foi uma das facetas mais assustadoras de seu envolvimento nos assassinatos. Clark a controlava, mas havia uma parte dela que também ansiava pela validação que encontrava naquela relação doentia. Após anos de abandono emocional, Carol sentia que, finalmente, pertencia a algum lugar—mesmo que esse lugar fosse um abismo de violência e morte.

Com o passar do tempo, o peso dos crimes começou a sufocá-la. O medo e a culpa a corroíam por dentro. Em agosto de 1980, incapaz de suportar mais, Carol confessou os assassinatos a uma colega de trabalho, que prontamente alertou as autoridades. Carol foi presa e, com ela, os detalhes macabros dos Assassinatos da Sunset Strip vieram à tona.

Durante os interrogatórios, Carol jogou a culpa sobre Clark, alegando ter sido manipulada e coagida a participar dos crimes. Embora houvesse verdade em suas palavras, a investigação mostrou que ela fizera escolhas conscientes. No tribunal, a defesa tentou pintá-la como uma vítima vulnerável, dominada pelo parceiro. Mas o júri enxergou além. Carol não era apenas uma espectadora passiva—ela havia se envolvido ativamente nas mortes das jovens, e por isso, deveria ser responsabilizada.

Em 1983, Carol Bundy foi condenada à prisão perpétua sem possibilidade de liberdade condicional. Clark também foi julgado e sentenciado à morte. O caso deixou a população horrorizada. "Ela sempre foi tão quieta, tão normal", comentou um vizinho incrédulo. "É difícil acreditar que estivesse envolvida em algo assim."

Os Assassinatos da Sunset Strip mudaram a forma como a polícia lidava com casos de violência em relacionamentos abusivos. A história de Carol e Clark evidenciou como pessoas emocionalmente vulneráveis podem ser manipuladas para cometer atos impensáveis. Também trouxe à tona a necessidade de intervenções psicológicas para quem apresenta tendências violentas e reforçou a importância de identificar dinâmicas abusivas em relacionamentos.

Carol, mesmo na prisão, continuou a afirmar que havia sido vítima de Clark. Mas as provas contavam uma história diferente—uma história de escolhas feitas por uma mulher desesperada por amor e controle. Sua trajetória se tornou um alerta sombrio sobre os perigos de ceder à influência de parceiros manipuladores e os horrores que podem emergir de relações tóxicas.

Hoje, Carol Bundy é lembrada como uma das cúmplices mais infames da história criminal americana. Sua história é uma prova perturbadora de que o mal pode habitar nas pessoas mais inesperadas e de como a manipulação emocional pode levar ao abismo da violência. Seu nome ecoa como um lembrete sombrio de que nem sempre podemos confiar cegamente em quem nos cerca. Às vezes, o perigo se esconde por trás de um sorriso suave, esperando apenas o momento certo para atacar.

23. Entre Amor e Violência Letal

C harlene Adell Williams nasceu em 10 de outubro de 1956, em Stockton, Califórnia, em um mundo de conforto e privilégios. Filha única de Charles e Mercedes Williams, cresceu cercada por bens materiais e uma vida aparentemente estável. Seu pai, um empreendedor de sucesso, garantiu que ela nunca precisasse de nada, enquanto a mãe administrava o lar com disciplina. Porém, por trás dessa fachada de riqueza e estabilidade, havia uma frieza emocional. Charlene nunca encontrou o afeto que desejava desesperadamente, e o controle rígido do pai a deixava sufocada e sempre ansiosa para agradar.

Desde pequena, Charlene sentia o peso de atender às expectativas de seus pais. A disciplina imposta pelo pai fazia com que ela se sentisse inadequada, incapaz de expressar suas emoções. Buscava aprovação constantemente, mas nunca parecia ser o suficiente. A pressão para ser perfeita era constante, e isso a isolava ainda mais. Ao terminar o ensino médio em 1974, ela já havia experimentado dois casamentos fracassados, ambos na tentativa desesperada de escapar da influência controladora do pai.

Em 1977, sua vida tomou um rumo sombrio ao conhecer Gerald Gallego, um homem mais velho e carismático, cuja presença parecia irresistível para Charlene. Gerald tinha um passado violento e um longo histórico criminal, do qual Charlene estava ciente, mas escolheu ignorar. Para uma jovem que buscava amor e liberdade, Gerald parecia a resposta para todos os seus problemas. O que ela não sabia era que estava entrando em um relacionamento ainda mais perigoso e manipulador.

Eles se casaram em 1978, e rapidamente Charlene se viu envolvida nas fantasias sombrias de Gerald. Ele queria capturar e abusar de jovens mulheres, mantendo-as como "escravas do amor". No início, Charlene ficou horrorizada. As fantasias violentas dele a assustavam profundamente. No entanto, Gerald era um mestre na manipulação.

Ele soube explorar suas vulnerabilidades, quebrando suas resistências lentamente, até que a relutância dela se transformasse em submissão. Gerald a controlava completamente, e Charlene, em sua fragilidade emocional, começou a fazer o impensável para manter seu afeto.

O reinado de terror do casal começou em setembro de 1978. As primeiras vítimas foram duas adolescentes, Rhonda Scheffler e Kippi Vaught. Charlene e Gerald atraíram as garotas para a van com uma falsa promessa de carona. Uma vez dentro do veículo, Gerald revelou sua verdadeira natureza. Ele abusou e assassinou as meninas enquanto Charlene assistia, cúmplice e apática. Foi o início de uma série de assassinatos brutais que tirariam a vida de dez jovens ao longo dos próximos dois anos.

Charlene desempenhava um papel vital nos crimes. Ela usava sua personalidade gentil e voz suave para atrair as vítimas, fazendo com que se sentissem seguras. Uma vez capturadas, Gerald agia com violência, e Charlene o ajudava a se livrar dos corpos. Sua transformação, de cúmplice relutante a participante ativa, foi assustadora. O desejo de agradar Gerald e de manter seu amor a levaram a um nível de crueldade inimaginável.

Os assassinatos espalharam medo por toda a Califórnia e Nevada. As vítimas, todas jovens mulheres, eram sequestradas de estacionamentos, shoppings e pontos de ônibus, sempre em situações aparentemente inofensivas. Charlene e Gerald eram meticulosos em seus atos, cuidando para não deixar rastros. Durante um tempo, parecia que nunca seriam pegos.

Em novembro de 1980, porém, o casal cometeu um erro fatal. Após sequestrar e matar Craig Miller e Mary Beth Sowers, eles deixaram testemunhas para trás. Amigos de Miller viram Charlene dirigindo a van do casal e relataram o veículo à polícia. A prisão foi rápida, e as investigações começaram a revelar a verdadeira extensão dos crimes.

Charlene foi detida, e sob forte pressão, ela entregou Gerald às autoridades. Para escapar da pena de morte, fez um acordo e confessou todos os assassinatos, descrevendo em detalhes as ações brutais de Gerald. Seu testemunho foi fundamental para condená-lo. Gerald foi sentenciado à morte, enquanto Charlene recebeu uma sentença de 16 anos e 8 meses de prisão, um desfecho que deixou muitos indignados. Como alguém tão envolvido nos assassinatos pôde evitar a execução? Durante o julgamento, a defesa de Charlene a apresentou como vítima de manipulação emocional. Alegou-se que ela fora coagida por Gerald, presa em um relacionamento abusivo do qual não conseguia escapar. Embora houvesse verdade nessa narrativa, o júri reconheceu que Charlene fez escolhas conscientes. Ela havia atraído as vítimas, dirigido o carro, e assistido, impassível, às mortes.

Na prisão, Charlene tentou se reabilitar, pintando-se como uma mulher que foi usada e destruída por um homem manipulador. Mas a verdade era mais complexa. Sua necessidade de aprovação e controle a levaram a colaborar com Gerald, e seus atos não poderiam ser apagados. Ela não era apenas uma vítima—era uma mulher que se deixou consumir pelo desejo de agradar alguém, a ponto de se perder completamente.

Uma das partes mais perturbadoras de sua história foi como sua busca por amor e validação alimentou sua participação nos crimes. A jovem que amava música e tocava piano agora estava mergulhada em um mundo de violência e morte. A paixão por animais e os passatempos tranquilos haviam desaparecido, dando lugar a uma disposição fria e calculista para agradar Gerald a qualquer custo.

Quando Gerald foi sentenciado à morte, a sensação de justiça encheu a sala do tribunal. Mas, para as famílias das vítimas, a dor nunca se apagaria. Embora Charlene tivesse cooperado com as autoridades, nada poderia desfazer o sofrimento causado. Ela viveria o resto de sua vida com o peso dos crimes que cometeu e das vidas que ajudou a destruir.

A história de Charlene Gallego é um alerta sombrio sobre os perigos da manipulação emocional. Seu relacionamento com Gerald não foi apenas abusivo—foi uma espiral mortal que a transformou em cúmplice de assassinatos cruéis. Hoje, Charlene é lembrada não apenas como parceira de um serial killer, mas como uma mulher que, em sua busca por amor e controle, mergulhou na escuridão.

Seu caso continua a ser estudado como um exemplo do poder destrutivo das relações abusivas e da facilidade com que pessoas vulneráveis podem ser levadas a cometer atos impensáveis. A história de Charlene é um lembrete de que o mal pode se esconder onde menos esperamos, por trás de sorrisos gentis e vozes suaves, esperando apenas o momento certo para atacar.

24. Peso da Compaixão Proibida

Christine Malevre nasceu em 10 de janeiro de 1970, em Mantes-la-Jolie, França. A filha mais velha de uma família de classe média, cresceu cercada por estabilidade e conforto material. Seus pais, ambos profissionais dedicados, ensinaram-lhe desde cedo os valores de responsabilidade e cuidado. Christine, admirada por sua mãe enfermeira, decidiu seguir a mesma carreira. As memórias de sua infância eram marcadas por verões ensolarados e invernos suaves, mas por trás dessa serenidade estava uma jovem com uma missão intensa e pessoal: trazer alívio àqueles que sofriam. No entanto, a linha entre cuidado e controle logo se tornaria fatal.

Desde pequena, Christine assumia uma postura maternal, cuidando de seus irmãos mais novos e demonstrando uma empatia inata. No hospital François-Quesnay, onde começou a trabalhar na ala de cuidados paliativos em meados da década de 1990, essa empatia floresceu. Ali, ela encontrava pacientes no fim da vida, enfrentando doenças devastadoras e dores insuportáveis. A cada turno, Christine segurava suas mãos, ouvia seus medos e tentava oferecer conforto. Mas a frustração e a impotência diante do sofrimento que nem os remédios mais fortes conseguiam aliviar começaram a corroê-la por dentro.

"Eu não aguentava mais vê-los sofrer", ela confessaria mais tarde no tribunal, com os olhos marejados. Era como se cada grito de dor e cada gemido silencioso deixassem cicatrizes em sua alma. Ela acreditava que sua função como enfermeira ia além dos cuidados básicos; sua missão, na mente dela, era também acabar com o sofrimento quando ele se tornava insuportável. No entanto, essa visão deturpada a conduziu para um caminho sombrio, no qual apenas ela decidia o momento em que a vida deveria terminar.

Em 1997, Christine ultrapassou um limite perigoso e irreversível. O primeiro paciente que ela matou era um homem de setenta e poucos anos, consumido pelo câncer. Seus gritos de dor ecoavam na mente dela, e a sensação de impotência a tomou completamente. Convencida de que estava oferecendo paz, Christine administrou uma dose letal de medicação. A morte veio rapidamente, e, para o mundo exterior, parecia uma morte natural, inevitável para alguém em estado terminal. Ninguém desconfiou.

A partir desse momento, Christine passou a repetir o ato com outros pacientes em estado crítico. Cada vida que ela encerrava trazia alívio temporário, mas também um fardo crescente. "Eu achava que estava ajudando", dizia ela repetidamente. "Nunca quis machucar ninguém." No entanto, com cada morte, sua consciência se tornava mais pesada. À noite, enquanto tentava dormir, os rostos dos pacientes que haviam partido sob suas mãos vinham assombrá-la. Durante o dia, porém, ela continuava a desempenhar o papel de enfermeira dedicada, mantendo sua imagem impecável.

Seus colegas de trabalho admiravam sua dedicação e compaixão. "Christine sempre estava ali para os pacientes, consolando as famílias e fazendo o que podia para aliviar o sofrimento", lembrou uma colega. Mas os sussurros sobre a frequência das mortes começaram a circular pela ala. As coincidências eram demais para serem ignoradas, e, em 1998, o hospital iniciou uma investigação interna.

Quando os administradores começaram a conectar os pontos, Christine foi interrogada. Sua fachada calma se desfez, e ela confessou sua participação nas mortes, alegando que sua intenção era apenas aliviar o sofrimento. "Eu só queria acabar com a dor deles", repetia. Mas a justiça não compartilhou de sua perspectiva. Ela foi presa e acusada de múltiplos homicídios.

O julgamento de Christine Malevre dividiu a França. O caso não era apenas sobre uma enfermeira que havia matado seus pacientes; ele reacendeu o debate nacional sobre a eutanásia. Christine era vista por alguns como uma cuidadora mal orientada, que acreditava estar fazendo o bem. Para outros, era uma assassina que assumira o papel de Deus, decidindo quem deveria viver ou morrer.

No tribunal, sua defesa argumentou que ela agira por compaixão e não por maldade. Porém, a acusação destacou que nenhum dos pacientes pedira para morrer. "Ela tomou essa decisão sozinha", afirmou o promotor. "E ninguém tem o direito de decidir a vida ou a morte de outra pessoa." Christine permaneceu serena durante o julgamento, admitindo seus atos, mas insistindo na pureza de suas intenções. "Eu só queria ajudar", dizia com a voz trêmula. Mas suas palavras não foram suficientes para justificar seus atos.

Christine foi condenada a dez anos de prisão, uma sentença que muitos consideraram branda diante da gravidade dos crimes. O veredito gerou discussões acaloradas sobre os limites da compaixão na prática médica e a necessidade de regulamentações mais claras para cuidados de fim de vida.

O caso Malevre deixou um impacto duradouro na sociedade francesa. Hospitais em todo o país revisaram seus protocolos de cuidados paliativos e introduziram diretrizes mais rígidas para garantir que as decisões sobre a vida e a morte fossem tomadas de forma coletiva, envolvendo equipes médicas e famílias. A história de Christine também destacou a importância do apoio psicológico para profissionais de saúde que trabalham em ambientes de alta pressão emocional.

Christine Malevre é lembrada como uma figura complexa, cuja história serve como um aviso sobre os perigos de assumir responsabilidades além dos limites éticos. Embora suas intenções possam ter sido inicialmente compassivas, suas ações mostram o quão perigoso é acreditar que se pode decidir o destino dos outros sozinho. Sua história é agora ensinada em cursos de ética médica, uma lição sobre a importância de manter a linha entre compaixão e controle.

"Eu nunca quis machucar ninguém", disse Christine em uma de suas últimas entrevistas. "Eu só queria acabar com a dor." Mas, no fim, o preço de sua ajuda foi alto demais—vidas que ela jurara proteger foram interrompidas antes da hora.

25. Monstro por Trás da Máscara

D agmar Johanne Amalie Overbye nasceu em 23 de abril de 1887, na pequena vila de Assendrup, perto de Horsens, na Dinamarca. Sua infância foi marcada pela pobreza e pela luta constante por sobrevivência. A casa dos Overbye, com onze filhos, era fria e austera, refletindo os invernos rigorosos que cobriam a paisagem com uma tristeza gelada. Seus pais, Peter e Inger, passavam o tempo tentando colocar comida na mesa, deixando pouco espaço para carinho ou afeto. Dagmar cresceu em meio à indiferença, entendendo desde cedo que a sobrevivência era uma batalha solitária.

Na escola, Dagmar recebeu a educação básica que uma menina de sua classe poderia esperar. Sonhos de uma vida diferente pareciam distantes e inalcançáveis. Sem perspectivas de futuro, ela se perdeu em uma sucessão de relacionamentos fracassados, cada um deixando-a mais isolada e desesperada. Sua primeira filha nasceu fora do casamento, algo profundamente escandaloso para a época. Pouco depois do nascimento, o bebê morreu em circunstâncias suspeitas, mas ninguém investigou. Casada mais tarde, ela teve outro bebê, que também morreu de forma inexplicável. As pessoas começavam a sussurrar, mas Dagmar sabia como esconder seus segredos por trás de uma fachada respeitável.

Dagmar encontrou uma saída na prática da "baby farming" — um sistema em que mulheres recebiam bebês de mães solteiras ou famílias incapazes de cuidar deles, prometendo encontrar novos lares para as crianças. Na Dinamarca do início do século 20, essa prática era comum, com poucas regulamentações e fiscalização quase inexistente. Para as mães desesperadas, Dagmar era vista como uma salvadora, alguém que oferecia uma chance de futuro para seus filhos indesejados. Mas, na realidade, ela havia descoberto que os bebês rendiam mais mortos do que vivos.

Manter as crianças significava alimentá-las e cuidar delas, o que era caro. Matá-las, por outro lado, permitia que ela embolsasse o dinheiro sem carregar o peso da responsabilidade. Assim, entre 1913 e 1920, Dagmar assassinou pelo menos nove bebês, embora muitos acreditassem que o número real de vítimas fosse maior. Seu método era cruel e direto. Algumas vezes, ela asfixiava os bebês; outras, os afogava. Seus corpos eram queimados no fogão ou enterrados em covas rasas. Dagmar agia com frieza e eficiência, encarando cada morte como apenas mais uma transação em sua luta por sobrevivência.

Ninguém suspeitava dela. Sua habilidade em manter as aparências era impressionante. Ela vestia-se bem, comparecia a eventos sociais e projetava a imagem de uma cuidadora responsável. Mesmo com o peso de seus crimes, Dagmar mantinha a compostura, afastando qualquer desconfiança. Sua frieza emocional e a capacidade de separar seus atos da realidade permitiam que ela continuasse matando sem remorso aparente.

Sua saúde mental durante esses anos permanece um mistério. Será que ela sentia alguma culpa? Ou havia enterrado sua consciência tão fundo que já não sentia nada? No tribunal, sua expressão era impassível, sugerindo uma mulher totalmente desconectada do horror que causava. A dureza de sua infância e os relacionamentos fracassados moldaram uma personalidade amarga, que via a vida como um fardo e a morte como uma saída prática.

Em 1920, a teia de mentiras de Dagmar começou a se desfazer. Uma mãe, desconfiada e preocupada com o destino de seu bebê, exigiu respostas. Dagmar não conseguiu fornecer uma explicação convincente, e as autoridades foram alertadas. Ao investigarem, os policiais descobriram restos de bebês escondidos na casa de Dagmar, uma revelação que chocou todo o país. A notícia se espalhou rapidamente, e a Dinamarca ficou horrorizada com os detalhes sombrios que emergiam.

Seu julgamento foi um dos mais notórios da história dinamarquesa. A mídia não poupou esforços para expor cada detalhe de sua vida e seus crimes. Durante o processo, Dagmar descreveu seus atos com uma calma perturbadora, como se estivesse narrando tarefas cotidianas. "Eu não queria que eles sofressem", justificou-se em uma rara demonstração de emoção. No entanto, ninguém sentiu simpatia por ela. O público estava indignado com a frieza e a crueldade que demonstrara, especialmente em relação às vítimas indefesas — bebês que nunca tiveram a chance de viver.

Uma das partes mais assustadoras do julgamento foi a completa falta de remorso de Dagmar. Seu desapego emocional era desconcertante. Parecia que, em sua mente, as mortes eram uma solução prática para seus problemas financeiros. Mas o tribunal não foi convencido por sua lógica distorcida. Ela foi considerada culpada por nove assassinatos e sentenciada à morte. No entanto, sua pena foi posteriormente comutada para prisão perpétua, e Dagmar passou o restante de seus dias atrás das grades, morrendo sozinha e esquecida em 1929.

Embora sua vida tenha terminado na prisão, o impacto de seus crimes foi profundo. As atrocidades de Dagmar Overbye geraram uma onda de indignação pública, levando à reformulação das leis de adoção e proteção infantil na Dinamarca. As regulamentações frouxas que permitiram que Dagmar operasse por tanto tempo foram reforçadas, garantindo maior fiscalização e proteção para crianças vulneráveis.

As reformas incluíram verificações de antecedentes mais rigorosas para quem trabalhava com crianças e maior controle sobre processos de adoção e acolhimento. O caso de Dagmar se tornou um exemplo para o mundo sobre os perigos de negligenciar os mais vulneráveis e a importância de uma supervisão adequada. Sua história continua a ser um ponto de referência em discussões sobre ética e segurança na área de proteção infantil.

Até hoje, Dagmar Overbye é lembrada como uma das assassinas mais infames da Dinamarca. Seu nome evoca horror e é um lembrete de como alguém em posição de confiança pode trair essa responsabilidade de forma devastadora. Estudiosos em criminologia e trabalho social ainda analisam seu caso, tentando entender como uma pessoa aparentemente comum foi capaz de tamanha crueldade.

Um parente distante de Dagmar certa vez descreveu-a como "um monstro disfarçado de salvadora". Essa descrição captura perfeitamente a essência de quem ela foi. Por trás de sua máscara de respeito, escondeu intenções assassinas, enganando mães desesperadas e enganando as autoridades por anos. No fim, sua ganância e falta de empatia foram sua ruína.

A história de Dagmar Overbye é um lembrete sombrio sobre a necessidade de vigilância constante na proteção das crianças. Ela também revela as profundezas mais escuras da natureza humana, mostrando como as circunstâncias difíceis, combinadas com a falta de empatia, podem levar a atos impensáveis. A vida de Dagmar é uma prova assustadora de que até mesmo as pessoas mais comuns podem esconder segredos terríveis, e seu legado ainda molda a forma como a sociedade protege os mais vulneráveis.

26. Sorriso por Trás da Escuridão

Dana Sue Gray nasceu em 6 de dezembro de 1957, sob o sol radiante da Califórnia, mas sua vida foi marcada por uma escuridão crescente que não combinava com o clima ensolarado de Newport Beach. Criada em uma família de classe média, filha de Russell Armbrust, um cabeleireiro carismático, e Beverly Arnett, uma ex-rainha de beleza, Dana parecia destinada a ter uma vida comum. No entanto, desde cedo, sua casa era um lugar tenso. Os pais brigavam constantemente, e quando se divorciaram, Dana, ainda jovem, carregou as marcas desse rompimento. A ausência emocional de ambos os pais a deixou perdida.

Com a separação, Beverly colocou ainda mais expectativas sobre Dana, tentando moldá-la à sua imagem, mas a jovem rebelde não se encaixava no molde. Sua relação com a mãe tornou-se um campo de batalha constante. Dana sentia a pressão esmagadora para agradar, mas seu espírito aventureiro e inquieto tornava impossível a tarefa. Seu pai, após se casar novamente, tornou-se distante, deixando Dana ainda mais isolada.

Durante a adolescência, Dana era uma presença marcante. Com sua personalidade extrovertida e aparência chamativa, ela era conhecida por ser divertida e charmosa. Mas por trás do sorriso havia uma jovem confusa e vulnerável. Na escola, suas notas eram medianas, e frequentemente matava aulas. Quando finalmente se formou, optou por uma carreira em enfermagem, talvez buscando, de alguma forma, curar a dor que carregava. Ela queria trazer cuidado e esperança para os outros, algo que nunca encontrara para si mesma.

Dana começou sua carreira de enfermeira com sucesso. Ela demonstrava talento e empatia no trabalho, ganhando elogios dos pacientes e colegas. Mas sua vida pessoal seguia em ruínas. Dois casamentos fracassaram, deixando-a ainda mais amarga e solitária. Seu segundo marido, Tom Gray, compartilhava com ela uma paixão por esportes radicais, como paraquedismo e windsurf, mas nem isso salvou a relação. Sem filhos ou relacionamentos estáveis, Dana se afundava em dívidas, consequência de um estilo de vida caro e compulsão por compras extravagantes.

A necessidade de controle sobre sua vida aumentava na mesma proporção que suas dificuldades financeiras. As aventuras extremas lhe davam um sentimento momentâneo de poder, mas não resolviam seus problemas. Com as contas acumulando, Dana sentia que o mundo estava desmoronando. Foi então que ela começou a mergulhar em um caminho sombrio e irreversível.

Em fevereiro de 1994, Dana cometeu seu primeiro assassinato. A vítima foi Norma Davis, uma idosa solitária que vivia na mesma vizinhança. Dana conhecia Norma através de sua madrasta, o que facilitou a aproximação. Ela entrou na casa da senhora e, com frieza, estrangulou-a com o fio de um telefone e a esfaqueou. Depois do crime, Dana roubou joias e outros objetos valiosos da casa. A morte de Norma foi apenas o início de uma série de ataques brutais que Dana cometeria nos meses seguintes.

Pouco tempo depois, em 28 de fevereiro, Dana atacou novamente. A vítima foi June Roberts, uma mulher mais velha que também confiava nela. Dana entrou na casa de June sob o pretexto de uma visita amigável. Lá dentro, repetiu o mesmo padrão, estrangulando a vítima com um fio telefônico. Após o assassinato, roubou os cartões de crédito de June e os usou para financiar uma série de compras extravagantes, buscando saciar seu desejo insaciável por controle e poder.

Mas nem todos seus ataques seriam fatais. Em 10 de março de 1994, Dana tentou matar Dorinda Hawkins, mas Dorinda conseguiu escapar por pouco. Dana havia oferecido carona a Dorinda após o trabalho, mas, uma vez sozinhas, tentou estrangulá-la. A sobrevivência de Dorinda seria crucial para a futura condenação de Dana, pois seu testemunho ajudaria a polícia a conectar os crimes. Mesmo assim, Dana não parou.

Em 16 de março, ela fez mais uma vítima, matando Winifred Johnson, uma idosa de 87 anos. A cada crime, a violência aumentava, e Dana se tornava mais ousada. Contudo, sua sorte estava se esgotando. Depois de dias de compras usando os cartões roubados, Dana foi finalmente capturada em 18 de março de 1994. Sua prisão chocou todos ao seu redor.

Os amigos e vizinhos de Dana não conseguiam acreditar que a mulher alegre e carismática que conheciam era uma assassina. "Ela sempre sorria, mas ninguém sabia o que se escondia por trás daquele sorriso," disse uma conhecida. Outra pessoa comentou: "Ela parecia tão normal. Como alguém assim poderia cometer esses atos?"

O julgamento de Dana Sue Gray tornou-se um espetáculo na mídia. Como uma das poucas mulheres serial killers na história dos Estados Unidos, seu caso gerou grande interesse público. Durante o julgamento, Dana mostrou pouco remorso. Relatava seus crimes com calma assustadora, como se fossem meros detalhes rotineiros. Sua defesa tentou justificar suas ações com base na pressão financeira e no desequilíbrio emocional, mas o júri não se comoveu. Dana foi condenada à prisão perpétua sem possibilidade de liberdade condicional.

Por trás de seus crimes, ficou claro que Dana não matava apenas por dinheiro. Havia um desejo profundo de controle e uma completa falta de empatia por suas vítimas. Ela usava sua aparência amigável e seu charme para ganhar a confiança de mulheres idosas, apenas para traí-las da maneira mais brutal possível. A dualidade entre sua imagem pública e sua verdadeira natureza fez com que muitos se perguntassem como uma pessoa tão aparentemente comum poderia abrigar tamanha escuridão.

O caso de Dana trouxe reflexões importantes sobre a vulnerabilidade de idosos que vivem sozinhos. A necessidade de maior proteção e conscientização tornou-se evidente, levando a mudanças nas políticas de apoio a essa população. Além disso, a história de Dana abriu discussões sobre a importância de identificar sinais de psicopatia, mesmo em pessoas que parecem normais.

Anos após sua condenação, Dana Sue Gray continua a ser uma figura sombria na criminologia. Seu caso é frequentemente estudado como exemplo dos aspectos complexos do comportamento humano e da violência feminina. Sua habilidade em se misturar na sociedade e esconder suas intenções mortais atrás de um sorriso cativante continua a ser objeto de análise.

Dana deixou um legado de horror e dor. Suas ações devastaram famílias e deixaram cicatrizes profundas. O que a torna inesquecível não é apenas a brutalidade dos crimes, mas a facilidade com que escondeu sua verdadeira natureza por trás de uma fachada de normalidade. Sua história serve como um lembrete inquietante do potencial para a escuridão que pode existir em qualquer pessoa e da importância de estarmos atentos ao proteger os mais vulneráveis.

Através da vida de Dana Sue Gray, vemos as consequências devastadoras de traumas não resolvidos, desesperos financeiros e um senso distorcido de direito. Seu nome permanece como uma advertência, lembrando que, às vezes, a escuridão espreita por trás do mais encantador dos sorrisos.

27. Monstro Sob Roupas Nobres

D arya Nikolayevna Saltykova nasceu em 11 de março de 1730, em uma Rússia onde o luxo das famílias nobres contrastava violentamente com a miséria dos servos. Filha de Nikolai Avtonomovich Ivanov e Anna Ivanovna Davydova, Darya cresceu cercada por conforto e riqueza. Em meio aos vastos campos e mansões elegantes, a pequena Darya foi educada para ser uma dama refinada. Aprendeu francês, a tocar piano e a se portar com elegância nas festas. Porém, mesmo entre festas e banquetes, havia um traço sombrio nela que poucos notavam. Era uma criança temperamental, fria e impiedosa, mas esses sinais foram ignorados — afinal, ela era uma nobre.

Quando jovem, Darya casou-se com Gleb Alexeyevich Saltykov, um nobre de alta posição. A união era um arranjo estratégico entre famílias poderosas, e o amor não fazia parte da equação. Tiveram dois filhos, Theodore e Nicholas, mas a morte prematura de Gleb em 1755 a deixou viúva aos 25 anos. Agora, com o controle das vastas propriedades e dos servos, a verdadeira natureza de Darya começou a emergir.

Sem marido ou restrições, Darya governava as terras com punho de ferro. Os servos, tratados como objetos, tornaram-se vítimas de sua ira. Ela nutria um prazer macabro em castigar aqueles que julgava incompetentes. Qualquer deslize — uma tarefa malfeita, uma palavra fora de lugar — era motivo para sua fúria. As punições eram impiedosas. Darya ordenava espancamentos brutais e, por vezes, ela mesma torturava as vítimas.

A crueldade dela não era apenas uma questão de autoridade. A violência tornou-se uma obsessão, uma forma de extravasar sua frustração e se sentir no controle. As mulheres eram seu principal alvo. Servas jovens e frágeis eram submetidas a torturas inimagináveis. Darya chicoteava, queimava e deixava as vítimas morrerem lentamente. Seu prazer estava em ver o sofrimento, em ouvir os gritos que preenchiam as paredes da imensa propriedade.

Por anos, o medo reinou nas terras de Darya. Os servos viviam em constante terror, sabendo que qualquer erro poderia ser fatal. A atmosfera do lugar era pesada, sufocante, um campo de medo e silêncio. Enquanto corpos de jovens mulheres desapareciam, a sociedade aristocrática fechava os olhos. Darya, afinal, era uma mulher de prestígio. A palavra dos servos não tinha peso algum contra a de uma nobre.

Seu reinado de terror continuou por quase uma década. Estima-se que mais de cem pessoas morreram sob seu comando, embora o número exato nunca tenha sido confirmado. Os corpos eram escondidos, queimados ou enterrados em covas rasas. As famílias dos servos mortos, impotentes, choravam em silêncio, incapazes de buscar justiça. Mas um dia, a paciência dos sobreviventes se esgotou. Alguns servos, reunindo coragem, decidiram arriscar tudo. Foram a São Petersburgo e apelaram diretamente à imperatriz Catarina, a Grande.

Catarina, chocada com as acusações, ordenou uma investigação. Quando os inspetores chegaram às propriedades de Darya, encontraram provas aterrorizantes. Os relatos dos sobreviventes eram devastadores. As marcas de tortura, os corpos mutilados e o medo nos olhos dos servos deixavam claro que aqueles campos eram mais uma prisão do que uma fazenda.

"Ela nos tratava pior que animais", sussurrou uma das testemunhas. Outro servo acrescentou: "Darya matava como se fosse respirar." Os inspetores ficaram horrorizados ao perceber a profundidade da crueldade escondida sob a fachada elegante da nobre.

Darya foi presa e levada a julgamento, uma situação rara na Rússia do século XVIII, onde a nobreza geralmente escapava de punições severas. Durante o processo, sua frieza era perturbadora. Não negava seus crimes, mas também não mostrava remorso. Sentava-se com expressão vazia, como se estivesse alheia às atrocidades que havia cometido.

"Essas vidas não valiam nada", murmurou certa vez durante o julgamento. Essa frase, mais do que qualquer outra, refletia o abismo entre ela e qualquer traço de humanidade.

A imperatriz Catarina, acompanhando de perto o caso, ficou profundamente abalada. "O que ela fez não é apenas um crime", declarou Catarina. "É uma afronta à própria natureza humana." Muitos pediram a execução de Darya, mas a imperatriz decidiu poupá-la da morte. Ela queria que Darya sofresse as consequências de seus atos pelo resto da vida.

Darya foi condenada à prisão perpétua em isolamento. Foi enviada para um convento em Moscou, onde viveu seus dias restantes em completo silêncio, sem luxo, sem poder, sem controle. A mulher que outrora governara com crueldade inigualável passou seus últimos anos esquecida, uma sombra do monstro que fora. Ela morreu em 1801, aos 71 anos, sem nunca demonstrar arrependimento.

O caso de Darya Saltykova deixou uma marca indelével na história russa. Seu julgamento não apenas expôs os horrores do sistema de servidão, mas também deu início a debates sobre a responsabilidade da nobreza e a necessidade de reformar as leis. Embora a abolição da servidão só viesse décadas depois, a queda de Darya foi um ponto de inflexão que mostrou que mesmo os poderosos não estavam acima da justiça.

O legado de Darya não se limita aos tribunais. Sua história é um lembrete sombrio do que o poder sem limites pode fazer com uma alma. Ela é lembrada como um dos primeiros exemplos de psicopatia em uma posição de autoridade, um aviso sobre os perigos de deixar o poder sem controle.

Seus atos não foram apenas crimes, mas uma demonstração de como a falta de empatia e a sede de controle podem transformar alguém em um monstro. Ainda hoje, seu nome é mencionado como símbolo de crueldade e abuso de poder. Ela provou que, sob as roupas mais nobres, pode se esconder a mais profunda escuridão.

Darya Saltykova viveu e morreu no isolamento que sua própria maldade construiu. Sua queda foi um marco na luta por justiça, um lembrete de que, mesmo em tempos sombrios, a verdade sempre encontra uma maneira de emergir.

28. A Face Do Mal Sob Flores

D orothea Helen Gray nasceu em 9 de janeiro de 1929, em Redlands, Califórnia, mas sua vida logo deixou de ter o brilho dos dias ensolarados. A infância foi marcada por caos e dor. Seus pais, Trudy Mae e Jesse James Gray, eram alcoólatras. A casa onde moravam, cheia de tensão, era um campo de batalha emocional. O fim precoce chegou quando Dorothea tinha apenas oito anos: seu pai sucumbiu à tuberculose, e pouco depois sua mãe morreu em um acidente de moto. Sozinha no mundo, Dorothea foi parar em um orfanato, um lugar frio onde a solidão só aprofundava as cicatrizes emocionais de uma infância marcada por abandono.

Ao alcançar a vida adulta, Dorothea já havia aprendido a arte da sobrevivência. Casou-se pela primeira vez em 1945, mas o casamento com Fred McFaul rapidamente fracassou. Mesmo com duas filhas nascidas dessa união, Dorothea não as manteve ao seu lado e as entregou para adoção. Outros casamentos se seguiram, mas todos terminaram em divórcio. Em meio às rupturas e fracassos, Dorothea encontrou na manipulação um refúgio. Era carismática e sabia como encantar os outros para ganhar sua confiança, habilidade que logo usaria para fins muito mais sinistros.

Nos anos 1980, Dorothea abriu uma pensão em Sacramento, Califórnia. A casa acolhia pessoas vulneráveis: idosos, dependentes e mentalmente incapacitados. À primeira vista, parecia uma mulher altruísta, oferecendo abrigo e cuidado a quem mais precisava. No entanto, por trás de sua fachada gentil e avó afetuosa, Dorothea escondia uma ambição perversa. Percebeu que poderia transformar seus inquilinos em uma fonte de lucro.

Seu plano era macabro: ela drogava os moradores com doses letais de medicamentos, muitas vezes sem que eles percebessem o que estava acontecendo. Quando morriam, ela forjava assinaturas e continuava a sacar seus cheques da previdência social. Os corpos das vítimas eram enterrados no quintal da pensão, sob camadas de flores bem cuidadas. A cada visita de um vizinho ou funcionário do governo, Dorothea sorria e falava calmamente. "Eles se mudaram", dizia, sem levantar suspeitas. Por anos, Dorothea viveu em um delicado equilíbrio. Mantinha sua reputação de mulher bondosa enquanto acumulava riqueza ilícita. Os vizinhos a viam como uma figura adorável, sempre pronta para oferecer uma xícara de chá ou um bolo recém-saído do forno. Ela participava de atividades comunitárias e fazia doações para instituições de caridade, tudo para sustentar sua imagem de cidadã exemplar. Enquanto isso, o jardim de sua pensão, colorido e perfumado, escondia o que ninguém poderia imaginar: a morte.

Em 1988, tudo começou a desmoronar. Alvaro "Bert" Montoya, um inquilino com deficiência mental, desapareceu repentinamente. Assistentes sociais que cuidavam do caso de Bert ficaram desconfiados e alertaram a polícia. Quando os investigadores chegaram à casa de Dorothea, encontraram uma senhora simpática e tranquila, que prontamente negou saber o paradeiro de Bert. Contudo, a polícia sentiu que havia algo errado e decidiu investigar mais a fundo.

Foi no jardim que a verdade começou a emergir. Escavadeiras descobriram os restos de sete corpos enterrados entre as flores. Cada nova descoberta aumentava o horror da comunidade que antes a admirava. Como alguém tão aparentemente inofensiva poderia ser responsável por tais atrocidades? As pessoas que a conheciam ficaram incrédulas. "Ela sempre nos tratou bem", comentou um vizinho, sem conseguir acreditar que aquela doce senhora era, na verdade, uma assassina implacável.

Dorothea foi presa e levada a julgamento, um processo que rapidamente se tornou um espetáculo midiático. Seu comportamento durante o julgamento era perturbador. Ela manteve uma expressão serena, quase indiferente, negando envolvimento nos assassinatos, apesar das evidências esmagadoras. "Eu nunca matei ninguém", repetia calmamente, sem uma gota de emoção. A discrepância entre sua aparência frágil e os atos monstruosos que havia cometido chocou a nação.

O júri não se deixou enganar. Em 1993, Dorothea Puente foi condenada por três assassinatos e sentenciada à prisão perpétua, sem possibilidade de liberdade condicional. Muitos acreditam que ela matou mais pessoas do que as contabilizadas oficialmente, mas Dorothea nunca confessou todos os crimes. Passou seus últimos anos na prisão mantendo a mesma aparência afável, manipulando guardas e prisioneiras com seu charme habitual. Morreu em 2011, sem jamais admitir a extensão de suas ações.

A história de Dorothea deixou um legado sombrio. Seu caso expôs as fragilidades do sistema de assistência a idosos e pessoas vulneráveis, mostrando como a ganância e a manipulação podem colocar vidas em risco. Após seu julgamento, foram implementadas reformas para aumentar a fiscalização em casas de repouso e pensões, garantindo maior proteção para aqueles que dependem do cuidado alheio.

Dorothea Puente se tornou um símbolo de engano e crueldade. Sua capacidade de esconder a maldade sob uma máscara de bondade é um alerta para a sociedade. Sua história nos ensina que nem sempre o mal se apresenta de maneira óbvia — às vezes, ele vem disfarçado de um sorriso acolhedor e de mãos que parecem querer ajudar.

O jardim de Dorothea, com suas flores vibrantes, é uma metáfora perfeita para sua vida: algo belo na superfície, mas cheio de escuridão por dentro. Ela usou sua imagem de avó carinhosa como um escudo para esconder seus crimes, enganando todos ao seu redor. Seu nome agora é lembrado como um dos mais sinistros da história criminal americana, um lembrete de que o mal pode se esconder nos lugares mais inesperados.

A vida de Dorothea Puente é uma lição amarga sobre como o desejo por dinheiro e poder pode destruir até mesmo a aparência de humanidade. Sua história serve de aviso: devemos estar atentos às máscaras que as pessoas usam e sempre vigilantes para proteger os mais vulneráveis.

29. A Viúva Negra de Viena

E lfriede Blauensteiner, conhecida como "Viúva Negra", deixou um rastro de horror e manipulação na Áustria. Atrás de uma fachada de bondade e normalidade, escondeu um coração frio e ganancioso, usando sua aparência afável para explorar e matar aqueles que mais confiavam nela. Nascida em 22 de janeiro de 1931, em Viena, cresceu em meio a dificuldades financeiras e aos desafios da classe trabalhadora. Seus pais, Peter e Ingeborg, se esforçavam para sustentar a família, mas o peso da pobreza pairava sobre o pequeno apartamento onde viviam. Desde cedo, Elfriede aprendeu a sobreviver em um mundo que não oferecia gentilezas.

Mesmo enfrentando privações, Elfriede cresceu fascinada pela beleza cultural de Viena. Gostava de passear pelas ruas, admirar os cafés elegantes e sonhar com uma vida distante da realidade modesta que conhecia. Porém, a inveja das pessoas ricas crescia dentro dela como uma sombra. Desde pequena, prometeu a si mesma que encontraria uma forma de escapar da pobreza, custasse o que custasse.

O casamento foi a primeira tentativa de mudar seu destino. Casou-se jovem com Friedrich, mas o relacionamento não durou. Depois de um divórcio rápido, conheceu Josef Blauensteiner, um homem gentil, mas fraco, com quem teve um filho. A maternidade, porém, não despertou em Elfriede afeto genuíno. Seu controle obsessivo afastou o filho com o passar dos anos, deixando-os distantes e marcados pela frieza. Mesmo casada, Elfriede continuava insatisfeita. Quando Josef faleceu nos anos 80, ela se viu viúva, mas enxergou a oportunidade de recomeçar — não pela dor da perda, mas pela perspectiva de liberdade.

Foi nesse período que Elfriede descobriu sua vocação macabra: transformar a morte em lucro. Ela percebeu que poderia ganhar dinheiro ao se aproximar de idosos solitários, especialmente aqueles sem familiares próximos. A estratégia era cruel, mas eficiente. Elfriede oferecia amizade e cuidados aos seus alvos, ganhando sua confiança ao ponto de convencê-los a mudar seus testamentos. Quando tudo estava pronto, ela os envenenava lentamente, garantindo que suas mortes parecessem naturais.

Seu método era meticuloso e implacável. Usava Rohypnol, uma droga sedativa potente, para enfraquecer suas vítimas, tornando-as incapazes de resistir ou suspeitar. Em seguida, aproveitava a confusão para falsificar documentos e se apropriar de suas economias e bens. Aos olhos dos vizinhos e conhecidos, Elfriede era uma mulher gentil e prestativa, sempre pronta para oferecer ajuda. Por trás desse disfarce, escondia uma assassina fria e calculista.

Um de seus primeiros alvos foi um homem idoso, solitário e vulnerável. Elfriede o visitava regularmente, levando comida e mantendo uma conversa leve. "Confie em mim", dizia com um sorriso acolhedor. Quando ele ficou doente, ela aumentou as doses do sedativo até que ele não tivesse mais forças para lutar. A morte foi silenciosa, e Elfriede se apropriou de suas economias sem deixar vestígios. Ninguém suspeitou de nada. Aos olhos da comunidade, ela era apenas uma amiga fiel que cuidava de um homem nos últimos momentos de sua vida.

Por anos, Elfriede continuou sua jornada de morte e engano, sem levantar suspeitas. Seus crimes eram cuidadosamente planejados e escondidos por trás de uma rotina aparentemente comum. Ela passava seus dias tricotando, cultivando flores no jardim e participando de eventos comunitários. Quando alguém comentava sobre as mortes frequentes de seus conhecidos, Elfriede apenas lamentava: "É uma pena que ele tenha partido tão cedo". Sua habilidade em enganar era impressionante.

A farsa começou a ruir nos anos 90, quando a família de uma de suas vítimas notou comportamentos estranhos. Elfriede estava envolvida demais na vida financeira do falecido, levantando suspeitas. A polícia foi chamada para investigar, e, aos poucos, o véu de normalidade que ela havia criado começou a se desfazer. Durante os interrogatórios, Elfriede permaneceu calma, insistindo que tudo não passava de coincidências. "Eu só queria ajudar", repetia, com a mesma voz suave que usava para ganhar a confiança de suas vítimas.

No entanto, as evidências eram claras. A investigação revelou uma série de mortes suspeitas ligadas a Elfriede e um padrão de manipulação que ela seguira por anos. Foi julgada e condenada por vários assassinatos, embora muitos acreditassem que o número de vítimas fosse maior. Durante o julgamento, a mídia a apelidou de "Viúva Negra", e sua figura frágil e serena se tornou um símbolo de engano e crueldade. Ela foi sentenciada à prisão perpétua e morreu em 2003, sem nunca demonstrar arrependimento.

O caso de Elfriede Blauensteiner teve um impacto profundo na sociedade austríaca. Suas ações expuseram a vulnerabilidade dos idosos e a necessidade de maior vigilância nos cuidados com pessoas dependentes. Leis foram reformuladas, e novos regulamentos foram introduzidos para proteger os mais frágeis e evitar que casos semelhantes se repetissem.

A história de Elfriede é um lembrete sombrio de que nem sempre o mal é facilmente reconhecível. Ela era uma mulher comum, com uma aparência gentil, mas usava essa imagem para esconder sua verdadeira natureza. Sua habilidade em manipular e enganar aqueles ao seu redor é um alerta sobre os perigos de confiar cegamente nas pessoas.

Elfriede Blauensteiner viveu duas vidas: a de uma viúva amável e a de uma assassina implacável. Sua história é um exemplo perturbador de como a ganância e a manipulação podem transformar uma pessoa comum em um monstro.

30. A Condessa de Sangue

Elizabeth Bathory, conhecida como a "Condessa de Sangue", foi uma das figuras mais infames da história europeia. Nascida em 7 de agosto de 1560, em Nyírbátor, na Hungria, sua vida parecia destinada à riqueza e prestígio. Vinda de uma poderosa família nobre, Elizabeth cresceu cercada por luxo, mas sua memória seria manchada por uma série de crimes aterrorizantes que ultrapassam os limites do imaginável. Dizem que torturou e matou dezenas, talvez centenas, de jovens, acreditando que o sangue delas garantiria sua juventude eterna. Verdade ou mito, sua história persiste como uma das mais macabras da Europa.

Filha de George e Anna Bathory, Elizabeth cresceu em meio ao esplendor das vastas propriedades de sua família. Seu pai era um soldado respeitado e sua mãe possuía ligações com a realeza húngara. A menina cresceu em castelos que eram verdadeiros monumentos de poder. Porém, a vida não era apenas feita de festas e luxo. Desde cedo, Elizabeth foi exposta à brutalidade. Os castigos aos servos eram severos, e, ao vê-los, a jovem se tornou insensível à dor alheia. Esse contato precoce com a violência teria, talvez, moldado sua natureza implacável.

Ela era brilhante e recebeu uma educação sofisticada. Falava latim, grego e até português, além de aprender a ler e escrever com fluência, algo raro para uma mulher da época. Além dos estudos tradicionais, Elizabeth foi preparada para gerenciar as propriedades da família e comandar servos com mão firme. Sua inteligência e beleza eram notáveis, mas sua personalidade forte e determinada a destacava. Porém, o afeto dentro da família era escasso, e Elizabeth cresceu rodeada de frieza e pressão.

Aos 15 anos, casou-se com Ferenc Nádasdy, conhecido como "O Cavaleiro Negro", famoso por sua brutalidade nas batalhas. O casamento uniu duas famílias poderosas e deu a Elizabeth o título de condessa. Ferenc passava muito tempo em campanhas militares, deixando Elizabeth sozinha para cuidar das propriedades. Durante esses anos, ela assumiu com rigor o controle das terras, mas a solidão e o poder absoluto começaram a mudar sua personalidade.

Após a morte de Ferenc, em 1604, a transformação de Elizabeth se tornou evidente. Sem a influência moderadora do marido, sua crueldade aumentou. Surgiram rumores sobre desaparecimentos de jovens enviadas para trabalhar em seu castelo. Diziam que a condessa tinha um temperamento imprevisível e castigava severamente quem a desagradasse. As histórias se tornaram cada vez mais sombrias. Comentava-se que Elizabeth acreditava que o sangue de meninas jovens era a chave para preservar sua juventude e beleza.

Esses rumores narravam atos inimagináveis. Servas eram torturadas e espancadas até a morte por pequenos erros. Segundo testemunhas, Elizabeth perfurava as vítimas com agulhas e as queimava com ferro quente. Algumas eram encontradas mortas com cortes profundos, enquanto outras eram deixadas para morrer de frio nas masmorras do castelo. Os relatos mais macabros diziam que a condessa se banhava no sangue das jovens para garantir a eternidade de sua juventude.

A nobreza de Elizabeth a protegia, e por muitos anos ninguém ousava confrontá-la. O medo se espalhou entre os camponeses, mas quem falasse contra a condessa corria risco de desaparecer. Seu castelo, que deveria ser um símbolo de segurança, tornou-se um lugar de terror. Enquanto isso, Elizabeth continuava a viver como uma aristocrata respeitável, participando de festas e mantendo uma aparência impecável.

Em 1610, tudo mudou quando uma jovem de família nobre desapareceu depois de ser enviada para o castelo de Elizabeth. O desaparecimento causou escândalo, e os rumores sobre a condessa não podiam mais ser ignorados. O rei Matthias II, chocado com as histórias que circulavam, ordenou uma investigação liderada por György Thurzó, um parente distante da condessa. Ao chegar ao castelo, Thurzó e seus homens encontraram uma cena aterradora: corpos de meninas mutiladas e sobreviventes à beira da morte, com marcas de tortura por todo o corpo. Elizabeth foi presa imediatamente, e seu julgamento se tornou um evento histórico. As testemunhas apresentaram relatos horripilantes de tortura, e alguns de seus próprios servos confessaram, sob tortura, que haviam ajudado a condessa a cometer os crimes. A corte ouviu histórias sobre como Elizabeth matava com frieza e prazer, sem nunca demonstrar arrependimento ou compaixão. Ela, no entanto, negava todas as acusações, afirmando que era vítima de uma conspiração.

Devido ao seu status nobre, Elizabeth escapou da execução, mas foi sentenciada à prisão perpétua em confinamento solitário. Foi trancada em um quarto sem janelas em seu próprio castelo, com apenas uma pequena abertura para receber comida. Isolada do mundo, Elizabeth passou seus últimos quatro anos de vida na escuridão, sem contato humano. Em 21 de agosto de 1614, foi encontrada morta em sua cela. Assim terminou a vida de uma mulher cuja lenda atravessaria séculos.

O número exato de vítimas da condessa é incerto. Algumas fontes sugerem que mais de 600 meninas morreram sob seu comando, enquanto outras acreditam que o número real seja menor. Independentemente da contagem precisa, seus crimes foram de uma brutalidade inédita, deixando uma marca indelével na história. O mito da Condessa de Sangue cresceu com o passar dos anos, alimentando histórias de vampirismo e imortalidade que continuam a inspirar livros, filmes e peças de teatro.

Elizabeth Bathory é lembrada não apenas como uma assassina, mas também como um símbolo da crueldade que pode surgir quando o poder é exercido sem limites. Sua história levanta questões sobre a natureza do mal, a responsabilidade dos poderosos e os limites da justiça. Foi ela uma vítima de intrigas políticas, como alguns sugerem, ou realmente uma mulher tomada pela loucura e pelo desejo de controle absoluto? A verdade completa pode nunca ser conhecida.

Hoje, a Condessa de Sangue é uma figura tanto de fascinação quanto de repulsa. Seu nome continua associado à ideia de maldade feminina e à corrupção do poder. A lenda de Elizabeth Bathory serve como um aviso sombrio: por trás da beleza e do privilégio, pode se esconder uma alma capaz dos atos mais terríveis.

31. A Vampira de Barcelona

Enriqueta Martí, conhecida como a "Vampira de Barcelona", foi uma das criminosas mais aterrorizantes da história da Espanha. Sua vida, marcada pela pobreza e pela necessidade desesperada de sobreviver, transformou-se em uma sombria narrativa de sequestro, assassinato e práticas macabras que deixaram a cidade de Barcelona em choque. Seus crimes gravaram seu nome na história, revelando as profundezas mais sombrias da natureza humana.

Nascida em 2 de fevereiro de 1868, em San Feliu de Llobregat, perto de Barcelona, Enriqueta veio ao mundo em um inverno gélido, filha de camponeses pobres. Seu pai, um trabalhador braçal, e sua mãe, uma dona de casa, lutavam para sustentar a família. Desde pequena, Enriqueta conheceu a fome e a miséria, condições que moldaram seu espírito e plantaram nela uma ambição sombria de escapar daquela vida.

Enriqueta cresceu em uma casa pequena e apertada, dividindo o espaço com vários irmãos. Cada dia era uma batalha por recursos e atenção, e a infância foi dura. Ainda jovem, ela abandonou os estudos para ajudar nas tarefas domésticas e fazer pequenos trabalhos para complementar a renda da família. A ausência de oportunidades e a sensação de abandono a deixaram amargurada, e uma sombra de insatisfação começou a se formar dentro dela.

Casou-se duas vezes, mas nenhum dos relacionamentos trouxe felicidade. O divórcio de seu primeiro casamento foi um escândalo, uma raridade para a época, refletindo os conflitos e turbulências que marcavam sua vida pessoal. A segunda união foi igualmente infeliz e terminou de forma trágica com a morte de seu único filho, um golpe devastador para sua saúde mental. A perda do filho mergulhou Enriqueta em um abismo emocional, e sua fragilidade psicológica deu lugar a um comportamento cada vez mais perturbador.

Enriqueta encontrou uma oportunidade de sobrevivência ao mergulhar no mundo das ervas e dos remédios tradicionais. Alegava possuir conhecimentos de medicina natural e começou a vender poções e curas para pessoas desesperadas nos bairros mais pobres de Barcelona. Nessas comunidades marginalizadas, onde o acesso à saúde era limitado, curandeiros como Enriqueta eram vistos como uma esperança. Mas, por trás dessa fachada de curandeira, sua obsessão por poder e riqueza crescia, assim como sua fascinação pelo oculto.

Seus crimes começaram de forma gradual, com pequenos furtos e fraudes. Mas a necessidade de controle e dinheiro a levou a algo muito mais sombrio. Enriqueta começou a sequestrar crianças das ruas de Barcelona, atraindo-as com promessas de comida ou trabalho. Para os pequenos, que mal tinham o que comer, a oferta parecia uma bênção. Porém, para muitos, seria o começo de seu fim.

Os sequestros logo se transformaram em assassinatos brutais. Enriqueta acreditava que o sangue e partes do corpo das crianças tinham poderes místicos e podiam ser usados em poções que prometiam cura e rejuvenescimento. Com uma mistura de conhecimentos de ervas e práticas macabras, preparava remédios que vendia para clientes ricos, dispostos a pagar fortunas em busca de saúde e juventude.

Durante anos, Enriqueta espreitava as ruas de Barcelona como uma sombra. As crianças desapareciam das áreas mais pobres, onde poucas pessoas se importavam ou podiam reagir. A cidade, na virada do século 20, era um caldeirão de contrastes. Enquanto os ricos desfrutavam do luxo e das festas, os pobres lutavam para sobreviver em becos sombrios e insalubres. Foi nesse cenário caótico que Enriqueta encontrou suas vítimas e manteve sua farsa.

Por um tempo, ela conseguiu escapar da suspeita, escondendo-se sob a aparência de uma curandeira caridosa. Morava em uma modesta casa onde, para quem passasse, parecia apenas mais uma mulher comum, cuidando de sua vida e de suas plantas. No entanto, os segredos que escondia dentro de casa eram terríveis.

A verdade começou a emergir em 1912, quando Enriqueta sequestrou uma menina chamada Teresita Guitart. Os vizinhos, alertados pelos desaparecimentos e desconfiados das atividades de Enriqueta, denunciaram-na à polícia. A busca pela criança levou os policiais até a casa de Enriqueta, e o que encontraram lá horrorizou a nação. Roupas de crianças, ossos humanos, ferramentas manchadas de sangue e listas de clientes abastados compunham um cenário grotesco que deixou Barcelona em estado de choque.

Enriqueta foi presa, e seu julgamento atraiu atenção nacional. Os detalhes revelados durante o processo eram aterrorizantes. Como uma mulher aparentemente comum poderia ter cometido crimes tão atrozes? Testemunhas descreveram como Enriqueta usava sua aparente bondade para atrair vítimas indefesas. Ela negou todas as acusações, mantendo-se fria e impassível, mas as evidências eram incontestáveis.

Sua sanidade foi questionada durante o julgamento. Teria ela sido levada à loucura pelas dificuldades da vida e pela perda do filho? Ou sua maldade era algo mais profundo, enraizado em uma busca insaciável por poder? A resposta nunca foi clara. A falta de remorso que demonstrava, combinada com o fato de ter enganado tantas pessoas por tanto tempo, apenas aumentava o horror de seus atos.

Condenada à prisão perpétua, Enriqueta não viveu muito tempo para cumprir sua sentença. Morreu misteriosamente na prisão, possivelmente assassinada por outras detentas, revoltadas com seus crimes. Sua morte trouxe algum alívio para uma cidade traumatizada, mas as cicatrizes que deixou continuaram a assombrar Barcelona.

A história de Enriqueta Martí é uma advertência sobre as consequências da desigualdade e do abandono social. Seus crimes revelaram como as crianças das classes mais vulneráveis estavam à mercê de predadores, e sua captura levou a um maior empenho em proteger os mais fracos. A tragédia de seus atos ecoa ainda hoje, como um lembrete sombrio de como a sociedade pode falhar em cuidar dos mais vulneráveis.

Até hoje, o nome de Enriqueta Martí permanece na memória coletiva da Espanha. Sua vida inspirou livros, filmes e peças de teatro, misturando fato e ficção em uma narrativa que continua a fascinar e apavorar. A lenda da "Vampira de Barcelona" tornou-se um símbolo das profundezas mais sombrias da alma humana, um aviso de que o mal pode estar escondido sob as aparências mais inocentes.

A história de Enriqueta Martí é uma prova de como a crueldade pode se disfarçar de bondade. Por trás do sorriso de uma curandeira estava uma mulher capaz dos atos mais horríveis. Sua vida é uma lembrança brutal de que, mesmo nas sociedades mais civilizadas, o perigo pode estar à espreita nas sombras, esperando por sua oportunidade de atacar.

32. Sombras de Uma Mãe Perdida

Francisca Ballesteros parecia, aos olhos de todos, uma mulher comum vivendo sua vida silenciosa em uma cidade tranquila de Valência, na Espanha. Contudo, por trás de sua aparência calma e discreta, se escondia uma escuridão que lentamente consumia sua alma. A história de Francisca é marcada por desespero, isolamento emocional e uma série de crimes impensáveis, revelando como uma vida aparentemente banal pode desmoronar em uma espiral de tragédia e horror.

Nascida em 21 de maio de 1969, em um dia ensolarado de primavera, Francisca cresceu em uma família trabalhadora que lutava para manter a estabilidade financeira. Seu pai era operário, e sua mãe cuidava da casa. A infância de Francisca, longe de ser alegre, era envolta em preocupações e carências. A cada dia, a pressão para ajudar a família se tornava mais pesada. Desde pequena, ela buscava refúgio na solidão, encontrando conforto em si mesma, pois os outros lhe pareciam distantes e inacessíveis.

Seu desempenho na escola foi mediano, e ela nunca encontrou interesse pelos estudos. Ao terminar o ensino médio, deixou de lado qualquer ambição acadêmica para começar a trabalhar e ajudar sua família. Porém, esse sacrifício plantou nela uma semente de frustração, que germinaria mais tarde como um sentimento sufocante de aprisionamento. Seu relacionamento com seus irmãos era distante, marcado por silêncios e ressentimentos nunca verbalizados.

Na esperança de escapar de sua casa e construir uma vida melhor, Francisca casou-se com Antonio González Barribino. A princípio, o casamento parecia promissor, mas rapidamente a realidade se impôs. Antonio era trabalhador, mas passava longas horas fora de casa, e o amor que antes parecia possível desbotou com o tempo. Francisca logo se viu presa a uma rotina doméstica sufocante, cuidando dos três filhos do casal: Florinda, Antonio e José. A maternidade, que deveria trazer realização, tornou-se um fardo pesado demais para ela carregar.

Conforme os anos passaram, a situação financeira da família piorou, e as discussões entre o casal se tornaram frequentes. Francisca, que nunca encontrou um espaço para seus próprios desejos e ambições, afundou em uma tristeza silenciosa. Seu mundo se limitava às paredes de casa, e cada dia era uma repetição do anterior. Os momentos de distração, como assistir televisão ou ler, não preenchiam o vazio crescente em seu coração. "É assim que minha vida termina?" perguntava a si mesma em silêncio, incapaz de ver uma saída.

Com o tempo, sua mente começou a sucumbir ao peso de seus próprios pensamentos. Ela se sentia como uma prisioneira, presa não apenas em seu casamento, mas também na própria existência. Em vez de buscar ajuda, a desesperança a levou a conceber um plano terrível. Em 2004, tomada pela convicção de que a única forma de escapar seria eliminando sua própria família, Francisca começou a preparar sua fuga sombria.

Seu primeiro alvo foi Florinda, a filha mais velha, com apenas 15 anos. Em uma noite comum de janeiro, Francisca preparou uma dose fatal de comprimidos para dormir e administrou à filha. A morte foi silenciosa, e a família acreditou que Florinda tinha falecido de causas naturais. Francisca manteve a aparência de normalidade, mas dentro dela algo havia mudado para sempre.

A morte de Florinda, em vez de trazer alívio, mergulhou Francisca em uma escuridão ainda maior. Agora, sua mente estava fixa na ideia de que precisava continuar o plano. Seis meses depois, ela tentou envenenar Antonio, seu marido. A tentativa falhou, e ele sobreviveu. Determinada a não falhar de novo, Francisca esperou até dezembro e, desta vez, administrou uma dose letal. Antonio morreu, e Francisca mais uma vez fingiu que havia sido uma fatalidade.

Em janeiro de 2005, Francisca tentou envenenar seu filho Antonio, mas desta vez seu plano desmoronou. O menino adoeceu gravemente, e os médicos suspeitaram de envenenamento. A investigação que se seguiu revelou a verdade horrível: a própria mãe havia envenenado sua família. Francisca foi presa, e a revelação de seus crimes chocou a nação. No tribunal, a imagem da mãe e esposa dedicada deu lugar à figura de uma mulher fria e calculista. A sala de audiências estava cheia de tensão enquanto Francisca, com uma calma assustadora, descrevia seus crimes. "Eu só queria me libertar", sussurrou em um momento de rara confissão. Mas seu olhar vazio sugeria que já havia perdido qualquer conexão com a realidade muito antes de cometer seus atos.

Especialistas em saúde mental debateram sua condição psicológica. Teria sido um colapso emocional após anos de isolamento e frustração? Ou seria ela uma pessoa sem empatia, capaz de matar para alcançar sua própria paz? Não havia respostas fáceis. Francisca não demonstrava arrependimento, apenas resignação, como se já tivesse aceitado seu destino antes mesmo de ser julgada.

Condenada à prisão perpétua, Francisca permanece encarcerada até hoje, assombrada pelos fantasmas de seus atos. Sua história é uma lembrança sombria do que pode acontecer quando a desesperança toma conta de uma mente frágil. Ela deixou para trás um legado de dor e traição, uma mãe que quebrou o laço mais sagrado ao tirar a vida daqueles que deveria proteger.

A história de Francisca Ballesteros continua a ressoar na Espanha, um lembrete perturbador de como o desespero e a solidão podem levar uma pessoa comum a cometer atos impensáveis. Seus crimes levantaram debates sobre saúde mental e sobre a importância de se oferecer apoio a quem se sente aprisionado pela vida.

Francisca nunca mais será lembrada como uma mulher comum de Valência. Seu nome agora é sinônimo de traição e tragédia, uma advertência sobre os perigos que podem se esconder sob a superfície tranquila de uma vida cotidiana.

33. A Sombra da Enfermeira Letal

Genene Jones, um nome que provoca calafrios nos Estados Unidos, ficou marcada por crimes que abalaram o sistema de saúde. A confiança depositada nela como enfermeira pediátrica foi usada para cometer atos inimagináveis, resultando na morte de várias crianças entre o final dos anos 1970 e início dos anos 1980. Sua trajetória horrível expôs as falhas em hospitais e levou a reformas cruciais para garantir a segurança dos pacientes mais vulneráveis.

Genene nasceu em 13 de julho de 1950, em uma quente e abafada cidade do Texas. Ainda bebê, foi adotada por um casal com três filhos biológicos. Seu pai adotivo era dono de um clube noturno, e sua mãe cuidava da casa. Embora seus pais suprissem suas necessidades materiais, Genene sempre se sentiu emocionalmente negligenciada. A atenção que ela desejava ia quase sempre para seus irmãos, deixando-a à margem, alimentando uma necessidade constante de validação.

Desde a infância, Genene era isolada. Não encontrava conforto nem nos amigos nem na família, e, com o tempo, sua solidão se transformou em um desejo obsessivo por reconhecimento. Na escola, era uma aluna comum, sem destaque acadêmico. Porém, desde cedo demonstrava interesse em cuidar dos outros. A enfermagem parecia o caminho ideal para preencher o vazio emocional que carregava, oferecendo uma oportunidade para ser necessária e admirada.

Quando jovem, Genene se casou com James "Jimmy" Harvey DeLany, mas o casamento não durou. Após a separação, tentou novamente, mas encontrou as mesmas dificuldades em seu segundo casamento. Em 1977, deu à luz seu único filho, Richard. No entanto, a maternidade não trouxe a realização que ela esperava; ao contrário, intensificou sua instabilidade emocional. Incapaz de encontrar a paz em casa, ela mergulhou cada vez mais fundo em sua carreira como enfermeira.

Trabalhando em unidades pediátricas, Genene construiu a imagem de uma profissional dedicada. Parecia prosperar nos momentos mais críticos, voluntariando-se para turnos difíceis e emergências. Seus colegas viam nela alguém sempre pronta para ajudar. "Era como se ela vivesse para aqueles momentos de crise", relembrou uma enfermeira. Contudo, por trás dessa dedicação, havia uma escuridão que ninguém podia imaginar.

Em 1981, Genene começou a trabalhar no Bexar County Medical Center, em San Antonio. Foi ali que sua verdadeira face se revelou. Ela tinha acesso a medicamentos perigosos e pacientes vulneráveis, criando uma combinação mortal. No silêncio das emergências hospitalares, Genene encontrava sua maneira sombria de chamar atenção: induzia crises médicas em crianças, administrando doses letais de drogas como digoxina e succinilcolina.

Genene era fria e calculista. Com doses precisas, colocava seus pequenos pacientes à beira da morte, apenas para depois agir como heroína, tentando salvá-los. Quando conseguia "resgatar" uma vida, ganhava elogios. Se falhava, a morte era vista como um triste infortúnio em uma UTI pediátrica, onde tragédias não eram incomuns. Sua necessidade doentia de controle sobre a vida e a morte transformou-se em um vício, e o número de vítimas aumentava.

Chelsea McClellan, de apenas 15 meses, foi uma das primeiras vítimas conhecidas de Genene. Em 1982, a menina foi internada por problemas leves de saúde, mas, sob os cuidados da enfermeira, recebeu uma dose fatal de succinilcolina. A pequena Chelsea sofreu uma parada cardíaca e não resistiu. Para a família McClellan, Genene era apenas a enfermeira que tentou salvar sua filha. A verdade, porém, estava longe disso.

Enquanto mais crianças morriam sob os cuidados de Genene, médicos e enfermeiros começaram a notar padrões estranhos. Algo não parecia certo. "Era sempre ela nos piores momentos", comentou um colega. Em 1983, o hospital iniciou uma investigação interna, e a verdade começou a emergir. As suspeitas levaram à descoberta de que Genene estava por trás de várias mortes misteriosas.

Genene foi presa em 1984, e seu julgamento se tornou uma sensação nacional. Durante o processo, ela insistia em sua inocência, repetindo: "Eu só queria ajudar." Mas a frieza com que descrevia suas ações chocou a todos. Não havia remorso, apenas uma necessidade insaciável de ser vista como indispensável. Aquelas que um dia confiaram nela, agora estavam horrorizadas. "Ela não era quem pensávamos", lamentou um médico.

Em 1985, Genene foi condenada pelo assassinato de Chelsea McClellan e pela tentativa de homicídio de Rolando Santos, um bebê de quatro semanas. Recebeu 99 anos de prisão pelo assassinato e 60 anos pela tentativa de homicídio. Sua prisão expôs falhas graves nos sistemas hospitalares, revelando como uma única pessoa, sem supervisão adequada, podia se tornar um predador dentro de um ambiente de confiança.

As consequências de seus atos foram devastadoras. Famílias ficaram destruídas, e o medo se espalhou pela comunidade médica. Hospitais em todo o país implementaram novas medidas de segurança, exigindo maior controle sobre a administração de medicamentos e monitoramento rigoroso dos funcionários. A história de Genene Jones passou a ser um lembrete constante dos perigos do abuso de poder e da importância de uma supervisão adequada.

Ainda hoje, Genene Jones é lembrada como um dos casos mais sombrios da medicina. Sua busca por reconhecimento, à custa de vidas inocentes, deixou cicatrizes profundas. O legado de horror que ela deixou expôs a fragilidade do sistema de saúde e mostrou como a confiança pode ser fatalmente quebrada.

A enfermeira que deveria ter sido uma salvadora tornou-se um símbolo de traição e manipulação. Seu nome é agora um aviso sombrio: mesmo aqueles em quem mais confiamos podem esconder intenções mortais.

34. Anjo Sombrio de Bremen

G esche Gottfried nasceu em 6 de março de 1785, em Bremen, uma cidade marcada por seus ventos gelados e atmosfera melancólica. Seus pais eram pessoas simples: o pai, um alfaiate dedicado, e a mãe, uma dona de casa severa e rígida. Desde pequena, Gesche experimentou a dureza de uma vida de classe média baixa, onde as responsabilidades pesavam nos ombros e a afeição era escassa. A relação fria com a mãe e a ausência emocional do pai alimentaram nela um sentimento profundo de abandono, que cresceria com o tempo e se transformaria em algo mortal.

Gesche era uma menina introvertida e solitária. Embora tivesse irmãos, o único laço que realmente valorizava era com Johann, seu irmão mais próximo. No entanto, esse vínculo especial seria tragicamente interrompido anos mais tarde pelas próprias mãos dela. Sua infância foi uma mistura de trabalho árduo e expectativa sufocante, que a ensinou cedo que o sucesso e a estabilidade estavam sempre fora de seu alcance imediato. Essa frustração silenciosa moldaria a mulher que ela viria a se tornar.

Em 1806, com 21 anos, Gesche casou-se com Johann Mittenberg, um próspero comerciante que lhe ofereceu a estabilidade financeira que tanto desejava. O casamento trouxe três filhos: Johann, Heinrich e Adelheid. Na superfície, a vida parecia confortável, mas para Gesche, aquilo não era suficiente. O marido frequentemente viajava a negócios, e a rotina doméstica a deixava isolada e cada vez mais frustrada. Ela queria mais do que uma vida de dona de casa dedicada — desejava liberdade, poder e independência.

A mente de Gesche começou a se distorcer. Por trás da aparência de uma esposa devota e mãe amorosa, crescia um desejo perigoso por controle. A paciência dela se esgotava, e ela encontrou no veneno um caminho para a liberdade. Em 1813, decidiu tirar a vida do marido, administrando pequenas doses de arsênico. A doença dele piorou lentamente, e, quando finalmente morreu, ninguém desconfiou. A viúva recebeu simpatia e herança, abrindo a porta para sua escalada na escuridão.

A sensação de poder sobre a vida e a morte intoxicou Gesche. A facilidade com que conseguiu escapar impune a fez acreditar que poderia continuar. Um a um, os filhos também se tornaram vítimas de seu plano cruel. Ela oferecia consolo às crianças enquanto secretamente selava seu destino com doses de arsênico. A comunidade, sem imaginar a verdade, a via como uma mãe devastada por tantas perdas. Seus gestos de carinho eram uma farsa cuidadosamente elaborada.

O talento de Gesche para enganar era assustador. As pessoas acreditavam que ela tinha um dom especial para cuidar dos doentes, e começaram a chamá-la de "O Anjo de Bremen". Sua fama como alguém que confortava os moribundos cresceu, mas na realidade, Gesche era a responsável por muitas das mortes. Ela parecia se alimentar do sofrimento que causava, observando as vítimas enquanto seus corpos lentamente sucumbiam ao veneno.

Depois de eliminar a própria família, Gesche voltou sua atenção para amigos e vizinhos. Seu irmão Johann, seus pais e até amigos íntimos caíram em sua armadilha. Cada morte trazia mais simpatia e, às vezes, recompensas financeiras. O controle absoluto sobre as vidas ao seu redor lhe proporcionava uma sensação doentia de satisfação. Gesche se tornou uma mestre na arte de envenenar, prolongando as doenças para que a morte parecesse natural.

Durante anos, ninguém suspeitou dela. A imagem de uma mulher amável e caridosa mascarava sua natureza sombria. A cada funeral que organizava, sua reputação como uma alma compassiva crescia. No entanto, com o tempo, o número de mortes começou a chamar atenção. As pessoas que antes confiavam nela começaram a questionar sua sorte sinistra. Sussurros de suspeita surgiram, e a comunidade que antes a venerava começou a desconfiar.

Em 1828, a sorte de Gesche chegou ao fim. A morte de uma última vítima foi o estopim para uma investigação oficial. Os corpos de vários de seus conhecidos foram exumados, e traços de arsênico foram encontrados em todos. A máscara de bondade caiu, revelando a verdadeira natureza de Gesche Gottfried. Presas e julgada, Gesche manteve uma postura fria e indiferente. Ela não demonstrou remorso nem reconheceu a gravidade dos crimes que havia cometido. Durante o julgamento, suas anotações meticulosas, registrando as doses de veneno administradas, foram apresentadas como prova irrefutável de sua culpa. A comunidade, outrora cega pela admiração, agora estava horrorizada. "Como uma mulher tão amável poderia ter feito isso?" questionavam aqueles que um dia confiaram nela.

Em 21 de abril de 1831, Gesche foi executada publicamente por decapitação. As pessoas se reuniram em silêncio para assistir ao fim do "Anjo de Bremen". Enquanto a lâmina caía, sentiam que a justiça finalmente havia sido feita. No entanto, o impacto dos crimes dela se prolongaria por muitos anos, assombrando Bremen como um lembrete sombrio de que o mal pode se esconder nas aparências mais inocentes.

A história de Gesche Gottfried deixou um legado perturbador. Seus atos levaram a mudanças importantes na forma como mortes suspeitas eram investigadas. A ciência forense deu um passo crucial após seus crimes, aprimorando os métodos de detecção de envenenamento. A sociedade aprendeu uma lição amarga: a confiança pode ser quebrada pelas pessoas mais improváveis.

Hoje, Gesche é lembrada como uma das criminosas mais infames da história alemã. Seu nome evoca o perigo do engano e a facilidade com que a confiança pode ser manipulada. Ela mostrou ao mundo que, por trás de um rosto gentil, pode se esconder uma mente calculista e cruel. A "Anjo de Bremen" se tornou uma advertência eterna sobre a necessidade de vigilância e justiça diante de uma traição inimaginável.

35. Veneno Silencioso de Giulia

Giulia Tofana nasceu por volta de 1620, em Palermo, Itália, onde o calor mediterrâneo se misturava às realidades duras de uma sociedade marcada por desigualdades. Cresceu em um lar envolto em segredos sombrios. Sua mãe, Thofania d'Adamo, uma mulher conhecida por usar venenos para resolver problemas, foi executada em 1633 por assassinato. Sem pai presente, Giulia cresceu entre as sombras do passado criminoso de sua mãe, absorvendo uma sabedoria perigosa sobre ervas e toxinas que mais tarde se tornaria sua marca letal.

Palermo fervilhava com comerciantes e nobres, mas para Giulia, cada rosto escondia uma história de opressão e dor. O casamento para uma mulher naquela época era uma sentença, muitas vezes cercada de abuso e controle. Giulia, ainda jovem, casou-se, mas seu casamento, como muitos na época, logo se tornou uma prisão. Pouco se sabe sobre seu marido, mas o nascimento de sua filha, Girolama Spera, marcou o início de uma nova geração que herdaria tanto o peso do passado quanto o talento mortal de Giulia.

Com poucas opções, Giulia tornou-se uma mulher que vivia entre duas identidades. Às vistas da sociedade, ela vendia cosméticos e remédios naturais, atraindo clientes com a promessa de beleza e cura. Mas por trás desse negócio inocente, operava um esquema sombrio que oferecia às mulheres algo ainda mais desejado: liberdade. A liberdade que só a morte poderia proporcionar.

A "Aqua Tofana" foi sua obra-prima. Um veneno sutil, invisível e insípido, composto de arsênico, chumbo e beladona. A mistura, disfarçada como um óleo facial ou água benta, era vendida para mulheres presas em casamentos abusivos, dando-lhes uma saída sem levantar suspeitas. O plano era tão engenhoso quanto cruel: uma gota na refeição, dia após dia, até que o marido começasse a definhar, vítima de uma doença aparentemente natural. A morte era lenta e silenciosa, e Giulia fornecia não apenas o veneno, mas também as instruções detalhadas para garantir que tudo parecesse natural.

As mulheres que buscavam sua ajuda vinham de todas as classes sociais. Nobres e plebeias, todas com uma coisa em comum: o desespero por escapar. Giulia as acolhia com uma mistura de empatia e pragmatismo. "Eles não vão se importar se você morrer por dentro", dizia ela, "mas um homem morto é um problema resolvido." Assim, com palavras frias, ela guiava essas mulheres na execução de seus planos.

Por anos, a rede de Giulia se expandiu, alcançando Roma, Nápoles e outras regiões. Seu veneno passou despercebido pelas autoridades, e a cada morte, uma mulher se via liberta, enquanto o "Aqua Tofana" permanecia como um segredo compartilhado apenas entre aquelas que precisavam dele. Giulia era vista como uma salvadora para essas mulheres, oferecendo-lhes uma chance de recomeçar quando a sociedade lhes negava qualquer esperança.

Mas o destino de Giulia tomou um rumo trágico em 1659. Uma cliente, tomada pelo remorso, confessou seus planos ao padre local. A igreja, temendo um escândalo, alertou as autoridades. A confissão desencadeou uma investigação que levou os guardas até a porta de Giulia. Quando vasculharam sua casa, encontraram frascos de veneno disfarçados entre cosméticos e anotações com nomes e dosagens, evidências claras de um esquema meticulosamente planejado.

Capturada e levada para Roma, Giulia foi submetida a tortura. Mesmo sob pressão, manteve a mesma frieza com que havia conduzido seus crimes por anos. "Eu só dei o que elas precisavam", repetia calmamente, como se a morte fosse uma cura legítima para as dores invisíveis daquelas mulheres. Ela confessou ter contribuído para mais de 600 mortes, e sua falta de arrependimento chocou seus interrogadores e a opinião pública.

Giulia foi condenada à morte junto com sua filha, Girolama, e alguns de seus cúmplices. A execução foi realizada publicamente em Roma, encerrando o ciclo de um dos esquemas mais mortais da história italiana. Porém, a morte de Giulia não apagou o medo que ela havia semeado. Por anos, a simples menção de seu nome fazia tremer as fundações da confiança entre homens e mulheres na Itália.

Sua história revelou mais do que apenas uma rede de envenenamentos; expôs a realidade brutal de um sistema que mantinha as mulheres cativas de maridos abusivos, sem nenhuma forma de justiça. O legado de Giulia também forçou a sociedade a reavaliar a forma como lidava com mortes súbitas e misteriosas. Com isso, houve um avanço nas práticas forenses e na investigação de envenenamentos.

Giulia Tofana tornou-se uma figura complexa na história: uma heroína para algumas, uma vilã para outras. Seu veneno era uma arma contra a opressão, mas também deixou um rastro de corpos e sofrimento. Sua dualidade a transformou em lenda — uma mulher que viveu e morreu nas sombras, mas que, mesmo assim, encontrou uma maneira de se tornar inesquecível.

Hoje, o nome de Giulia Tofana permanece como um aviso sombrio. Seu legado é uma mistura de engenhosidade e crueldade, uma lembrança de que até os atos mais desesperados podem ter consequências irreparáveis. Ela ofereceu às mulheres uma saída onde não havia nenhuma, mas o preço foi pago em sangue e silêncio.

36. Amor Letal e Silêncio Mortal

Gwendolyn Graham e Cathy Wood pareciam duas enfermeiras comuns, discretas e eficientes, trabalhando em silêncio nos corredores tranquilos da Alpine Manor, uma casa de repouso em Walker, Michigan. No entanto, por trás da fachada de cuidado e dedicação, escondia-se um pacto sombrio e fatal. O que começou como uma relação amorosa transformou-se em uma série de assassinatos cruéis, motivados por uma obsessão doentia por controle e uma busca insaciável por conexão.

Gwendolyn nasceu em 6 de agosto de 1963, em Santa Fe, Novo México. A aridez da paisagem refletia a dureza de sua infância. Ela cresceu em meio a abusos e negligência, especialmente de seu pai. A cada mudança de cidade, sua capacidade de se conectar com outras pessoas se tornava mais difícil, e as feridas emocionais se aprofundavam. A partir de cedo, Gwendolyn aprendeu a se desconectar emocionalmente de tudo à sua volta, um mecanismo que mais tarde alimentaria seus crimes.

Cathy, nascida em 7 de março de 1962, em Toledo, Ohio, teve uma infância menos turbulenta, mas igualmente solitária. Sentia-se invisível, negligenciada por seus pais, e carregava um sentimento de inadequação que a acompanharia durante toda a vida. Ela ansiava por atenção e afeto, buscando desesperadamente preencher o vazio dentro de si. Casou-se jovem e teve uma filha, mas o casamento rapidamente se tornou uma fonte de frustração, marcado pela falta de amor e compreensão. Quando encontrou Gwendolyn, Cathy viu nela não apenas uma amante, mas uma chance de se sentir viva novamente.

Foi em 1986, nos corredores calmos da Alpine Manor, que seus destinos se cruzaram. A casa de repouso era um lugar de rotinas silenciosas, onde a vida se arrastava lentamente para os residentes idosos. Ali, Gwendolyn e Cathy encontraram não apenas um espaço para seu romance, mas também um terreno fértil para sua perversão. O trabalho de cuidar de idosos vulneráveis, muitos com saúde debilitada, criou o cenário perfeito para um jogo perigoso.

Gwendolyn, a mais dominante das duas, propôs um pacto mortal. "Se quisermos provar nosso amor, precisamos fazer algo que ninguém mais entenderia", sussurrou ela para Cathy certa noite, o brilho nos olhos refletindo algo sombrio. Cathy, ansiosa para agradar e manter o amor de Gwendolyn, concordou. Assim, começou o que elas chamaram de "o jogo": uma série de assassinatos meticulosamente planejados.

A dinâmica era clara. Gwendolyn sufocaria as vítimas, normalmente usando um pano úmido, enquanto Cathy observava ou ajudava. Elas escolhiam suas vítimas entre as mais frágeis e solitárias, mulheres idosas cujas mortes não despertariam suspeitas. Cada assassinato era uma forma de reafirmar seu vínculo doentio, um segredo compartilhado que as unia. "Isso é amor", dizia Gwendolyn, convencendo Cathy de que cada vida tirada solidificava a conexão entre elas.

No início, ninguém desconfiou. Em uma casa de repouso, mortes são comuns, e os corpos dos idosos não eram examinados de perto. Para o mundo exterior, Gwendolyn e Cathy eram apenas enfermeiras dedicadas, cuidando de pacientes em seus últimos dias. Porém, seus colegas começaram a notar um padrão: a cada plantão conjunto das duas, um residente falecia. Não era apenas a frequência das mortes, mas também a maneira despreocupada com que as mulheres falavam sobre os pacientes falecidos que começou a levantar suspeitas.

Dentro do relacionamento, a tensão crescia. Gwendolyn, sempre em busca de mais controle, começou a pressionar Cathy para participar ativamente dos assassinatos. Cathy, por sua vez, começou a se sentir sufocada, dividida entre o medo de perder Gwendolyn e o peso crescente da culpa. "Estamos nos tornando monstros", ela murmurou uma noite, mas Gwendolyn apenas riu. "Não, querida. Somos especiais."

Em 1988, o frágil equilíbrio entre as duas finalmente quebrou. Consumida pelo medo de ser descoberta e pela culpa dos crimes, Cathy confessou tudo ao seu ex-marido, que imediatamente procurou a polícia. Cathy, determinada a escapar das consequências completas, colocou a culpa principal em Gwendolyn. "Eu estava com medo dela", alegou Cathy durante o interrogatório, tentando pintar-se como uma vítima manipulada.

Quando Gwendolyn foi presa, ela manteve a mesma frieza de sempre, negando as acusações no início. Mas com Cathy cooperando com as autoridades e fornecendo detalhes dos crimes, não havia escapatória. As investigações revelaram que pelo menos cinco mulheres idosas haviam sido assassinadas, embora se suspeitasse que o número real de vítimas fosse maior. Gwendolyn foi sentenciada à prisão perpétua sem possibilidade de liberdade condicional, enquanto Cathy recebeu uma sentença mais branda em troca de sua cooperação.

Durante o julgamento, Cathy chocou a todos ao dizer, sem emoção: "Era divertido matar." Suas palavras ressoaram pelo tribunal, deixando clara a profundidade da depravação que havia envolvido as duas mulheres. Gwendolyn permaneceu em silêncio durante a maior parte do processo, mantendo uma expressão impassível enquanto seus crimes eram descritos em detalhes nauseantes.

O caso das "Amantes Letais" ganhou destaque nacional, forçando o sistema de cuidados a rever suas práticas e aumentar a supervisão de casas de repouso. A vulnerabilidade dos idosos, muitas vezes esquecidos e deixados aos cuidados de estranhos, tornou-se uma preocupação pública. Novas regulamentações foram implementadas, exigindo verificações de antecedentes mais rigorosas para funcionários e maior controle sobre a conduta do pessoal.

O legado de Gwendolyn Graham e Cathy Wood é um alerta sombrio sobre o que acontece quando o poder é corrompido. Elas transformaram um lugar de cuidado em um campo de horror, quebrando a confiança depositada nelas e deixando cicatrizes profundas na memória coletiva. A história das duas mulheres, movidas por um amor distorcido e pela sede de controle, continua a ser estudada como um dos exemplos mais assustadores de maldade disfarçada de compaixão.

Gwendolyn ainda cumpre sua pena na prisão, enquanto Cathy insiste que foi apenas um peão nas mãos de sua amante. Seus nomes permanecem como símbolos de traição e violência, lembrando-nos de que, às vezes, o perigo se esconde por trás dos rostos mais familiares e dos sorrisos mais gentis.

37. Silêncio Mortal na Cozinha

Helene Jegado nasceu em 17 de junho de 1803, em Plouhinec, uma vila pacata na região da Bretanha, França. Desde cedo, a vida de Helene foi marcada pela simplicidade e pela dureza da existência. Filha de um humilde tecelão e de uma mãe distante e fria, ela cresceu em um lar onde o afeto era escasso e a disciplina severa. As brisas frias do Atlântico sopravando sobre os campos da Bretanha refletiam a melancolia silenciosa que pairava sobre sua infância.

Desde menina, Helene era solitária e introspectiva. Enquanto outras crianças encontravam diversão em brincadeiras inocentes, Helene se distanciava, envolta em um silêncio inquietante. As responsabilidades domésticas ocuparam sua infância, e sua mãe a ensinou a cozinhar e cuidar da casa, habilidades que ela aperfeiçoaria com precisão assustadora. A frustração e a falta de afeto em casa plantaram nela as sementes de um ressentimento silencioso, que aos poucos se transformaria em algo mais sombrio.

Ao chegar à idade adulta, Helene encontrou trabalho como empregada doméstica e cozinheira, transitando de uma casa a outra pelas vilas e cidades da Bretanha. À primeira vista, parecia uma mulher comum: reservada, diligente, e dedicada ao seu trabalho. Entretanto, sob essa aparência comum, escondia-se uma alma perturbada e uma mente capaz de maldades inimagináveis.

Em 1833, Helene cometeu seu primeiro assassinato enquanto trabalhava para a família de François Le Drogo. Ela envenenou uma empregada da casa com pequenas doses de arsênico, um veneno letal que imitava os sintomas de doenças comuns, como cólera ou febres gastrointestinais. O processo era meticuloso: uma morte lenta, onde Helene observava friamente sua vítima definhar, enquanto todos acreditavam que se tratava de uma doença natural.

Com o passar dos anos, Helene se tornou uma verdadeira especialista na arte do veneno. Cada refeição que preparava escondia a possibilidade da morte. Não importava se a vítima era um patrão, um filho da família ou outro empregado: para Helene, a morte era apenas uma consequência da sua busca por controle. Ela encontrava prazer em sua capacidade de manipular a vida e a morte, transformando a cozinha em um palco de horror silencioso.

Sua motivação não era riqueza ou vingança. Helene raramente lucrava com as mortes que causava. O que a movia era o desejo profundo de controle. Como mulher e serva em uma sociedade patriarcal e rígida, ela encontrou no veneno uma forma de exercer poder sobre aqueles que a tratavam como invisível. A cada morte, ela reafirmava sua superioridade silenciosa, sem nunca levantar suspeitas.

Por quase duas décadas, Helene Jegado passou despercebida. De casa em casa, espalhou morte e sofrimento, sempre deixando para trás apenas o silêncio e a saudade dos que partiram. Mas sua confiança cresceu a tal ponto que seu comportamento começou a levantar questionamentos. Muitos a chamavam de excelente cozinheira, mas começaram a surgir rumores de que a morte acompanhava sua presença.

Em 1851, a sorte de Helene chegou ao fim. Uma investigação foi iniciada após a morte suspeita de mais um de seus empregadores. Corpos foram exumados, e vestígios de arsênico foram encontrados em vários deles. Presa, Helene manteve sua calma habitual. Em seu julgamento, sua frieza assustava todos que assistiam. Não houve um traço de remorso ou arrependimento em suas palavras.

"Eu apenas fiz o que precisava ser feito", teria dito ela, com uma tranquilidade inquietante. O tribunal, chocado com a extensão de seus crimes, a condenou à guilhotina. Em 1852, a lâmina fria pôs fim à vida da mulher que, por anos, disfarçara morte em pratos cuidadosamente preparados.

O caso de Helene Jegado causou comoção na França. A ideia de que uma simples cozinheira podia se tornar uma assassina em série fez com que a confiança nas relações entre empregadores e empregados fosse abalada. Medidas mais rigorosas foram tomadas para garantir a segurança nas casas, e o temor do envenenamento se espalhou pela sociedade.

Helene Jegado é lembrada como uma figura de horror silencioso. Sua habilidade de se esconder sob a aparência de uma serva dedicada e transformar refeições em armadilhas mortais chocou o mundo. Seu legado sombrio permanece um alerta sobre a capacidade humana de maldade, mesmo sob as máscaras mais inocentes.

38. Mal Sob um Rosto Comum

Irina Gaidamachuk nasceu em 22 de maio de 1972 na pequena cidade de Nyagan, na região autônoma de Khanty-Mansi, Rússia. Sua infância foi marcada por pobreza e instabilidade. Seus pais, ambos dependentes do álcool, mergulhavam em seus próprios vícios, deixando a jovem Irina emocionalmente negligenciada. Ela cresceu em meio ao caos, rodeada pela falta de carinho e orientação. Isolada, refugiava-se em seu próprio mundo, um espaço silencioso e sombrio que se aprofundaria com o tempo.

Na escola, Irina não se destacava. Era uma aluna mediana, sem grande interesse pelos estudos. Nas ruas frias e cinzentas de Nyagan, as oportunidades pareciam poucas e distantes. Assim, ela cresceu sem sonhos claros, apenas com a sensação crescente de que a vida não lhe oferecia mais do que frustração. Sua família fragmentada e a ausência de apoio emocional a tornaram uma pessoa fria e desconectada. Mesmo cercada por outras crianças e irmãos, ela nunca formou laços profundos.

Na juventude, Irina se casou com Yuri Gaidamachuk, um trabalhador esforçado, mas frequentemente desempregado. À primeira vista, parecia ser a chance de Irina recomeçar e fugir da infância caótica. Tiveram duas filhas juntos, mas o casamento rapidamente se deteriorou. As dificuldades financeiras se acumulavam, e Yuri, muitas vezes ausente, parecia incapaz de fornecer a estabilidade que Irina tanto buscava. Ela se sentia aprisionada na rotina doméstica e cada vez mais frustrada com a monotonia da vida que levava.

A convivência com Yuri não trouxe o alívio que ela esperava. "Eu sou invisível até para ele", ela pensava. Em sua mente, os sentimentos de impotência e insatisfação começaram a se transformar em algo mais perigoso: uma necessidade de controlar, de dominar o que lhe escapava. E foi assim que, em 2002, Irina deu início a uma série de crimes que chocariam o país.

O primeiro assassinato foi cometido sem aviso, quase como um experimento. Irina encontrou uma idosa que vivia sozinha em Sverdlovsk Oblast. Fingindo ser uma assistente social, ela ganhou a confiança da vítima e entrou em sua casa. Com um martelo em mãos, Irina atacou rapidamente. O impacto foi brutal. A adrenalina percorreu seu corpo, e enquanto a mulher tombava no chão, a sensação de controle e poder se instalou dentro dela. Era um tipo de euforia fria e calculada, e naquele momento Irina soube que sua jornada sombria estava apenas começando.

Os crimes se sucederam. Irina continuou a visitar idosas, sempre sob o disfarce de assistente social ou vizinha necessitada. As vítimas eram escolhidas cuidadosamente: senhoras que moravam sozinhas e cujas mortes não levantariam suspeitas. Com o mesmo martelo, ela repetia o ato brutal, sempre silenciosa e eficiente. Após cada assassinato, ela roubava o pouco dinheiro ou joias que encontrava nas casas e desaparecia nas ruas geladas, sem deixar rastros.

No cotidiano, Irina levava uma vida aparentemente comum. Ela continuava como mãe e esposa, embora distante e fria. Suas filhas e seu marido não tinham ideia do que se passava em sua mente perturbada. "Ninguém nunca vê quem eu realmente sou", ela murmurava para si mesma após cada crime, satisfeita com a dualidade que conseguia sustentar.

Entre 2002 e 2010, ela matou pelo menos 17 mulheres idosas. Cada assassinato reforçava sua sensação de poder, como se a violência fosse a única forma de preencher o vazio que a consumia. "O medo delas me dá vida", pensava Irina, enquanto continuava sua trajetória macabra. As comunidades em Sverdlovsk começaram a temer pela segurança de suas idosas, mas ninguém desconfiava da mulher aparentemente comum que vivia entre eles.

Em 2010, o reinado de terror de Irina chegou ao fim. Uma testemunha, desconfiada de uma visita recente, relatou à polícia a presença de uma mulher estranha nas proximidades das vítimas. A investigação foi reaberta, e com a crescente pressão, as peças começaram a se encaixar. A prisão de Irina foi inevitável. Ao ser capturada, ela não demonstrou emoção. "Eu precisava do dinheiro", foi tudo o que disse em seu depoimento, sem qualquer traço de arrependimento.

O julgamento de Irina tornou-se um espetáculo nacional. A imprensa a apelidou de "Satanás de Saia", refletindo o horror coletivo diante de suas ações. No tribunal, ela permaneceu impassível, como se estivesse alheia ao sofrimento que causara. Quando confrontada pelas famílias das vítimas, que exigiam respostas e justiça, Irina apenas os encarava com frieza, como se suas palavras não tivessem importância.

"Você tirou tudo de nós", gritou um parente, desesperado por entender o motivo. Irina, no entanto, não ofereceu explicações além da necessidade de dinheiro e da sensação de poder que cada assassinato lhe proporcionava. A sala do tribunal estava carregada de dor e incredulidade, mas para Irina, tudo parecia irrelevante.

Sentenciada a 20 anos de prisão, Irina deixou um rastro de medo e desconfiança por onde passou. Suas ações expuseram a vulnerabilidade da população idosa e forçaram mudanças significativas nas políticas de segurança e vigilância social na Rússia. Hoje, aqueles que trabalham com idosos são monitorados com mais rigor, e o país se tornou mais atento aos sinais de violência silenciosa.

A história de Irina Gaidamachuk continua a assombrar a Rússia. Sua capacidade de esconder sua natureza monstruosa por trás de uma fachada de normalidade permanece um alerta sombrio sobre o perigo que pode se ocultar nas vidas mais comuns. Para os que a conheceram, a pergunta persiste: como alguém tão comum pode ter abrigado tanta maldade?

O legado de Irina é de medo e perda. Seu nome é um lembrete constante de que a escuridão pode estar escondida nos lugares mais improváveis. A cada menção ao seu caso, ressurge a memória de um predador que andou entre as pessoas comuns, sem nunca levantar suspeitas.

39. A Face Gentil, Uma Alma Sombria

Em uma manhã fria de outono na França, entre o vento sussurrante e as folhas caindo, começou a se desenrolar a história de Jeanne Weber, uma mulher cujo nome se tornaria sinônimo de escuridão e morte. Nascida em 6 de março de 1874 na pacata cidade de Le Villars, Jeanne cresceu em uma casa humilde. Seu pai era operário, e sua mãe, uma dona de casa rígida. A vida era difícil e cheia de privações, mas, naquela época, nada indicava que Jeanne se tornaria uma das figuras mais sinistras da história francesa.

A infância de Jeanne foi marcada pela pobreza. A casa modesta onde morava, cercada pelas colinas tranquilas da zona rural, refletia as dificuldades diárias da família. Jeanne aprendeu desde cedo o valor do trabalho duro, ajudando sua mãe nas tarefas domésticas e cuidando do pequeno jardim que alimentava a família. Mesmo cercada de simplicidade, Jeanne encontrava momentos de paz na natureza. Caminhar pelos prados a acalmava e proporcionava um refúgio silencioso para seus pensamentos.

Desde pequena, Jeanne demonstrava interesse por arte e literatura. Apesar de sua educação formal ter terminado aos 14 anos, ela se apaixonou pelos livros e pela beleza natural que a cercava. Desenhava e pintava com delicadeza, capturando em suas obras a serenidade da paisagem campestre. No entanto, por trás dessa calma aparente, havia algo sombrio e inquietante crescendo dentro dela.

Aos 22 anos, Jeanne casou-se com Pierre Leroy, um carpinteiro gentil e trabalhador. Parecia que ela finalmente havia encontrado estabilidade. Moraram em uma pequena casa perto de uma floresta, e logo tiveram uma filha chamada Marguerite. Jeanne adorava ser mãe, mas, com o tempo, as responsabilidades da maternidade começaram a pesar. Pierre trabalhava longas horas, e Jeanne passava grande parte do tempo sozinha com a filha. A solidão e as dificuldades financeiras tornaram-se um fardo.

O isolamento foi deixando marcas profundas na mente de Jeanne. As caminhadas que antes lhe traziam consolo agora a envolviam em uma névoa de pensamentos sombrios. "Estou presa em uma vida sem saída", murmurava para si mesma, enquanto os campos verdes não ofereciam mais alívio. A melancolia tomava conta dela, e a alegria de ser mãe desaparecia aos poucos, substituída por uma sensação sufocante de desesperança.

Para escapar desse peso crescente, Jeanne dedicava-se à arte. Seus quadros, antes vibrantes, começaram a refletir a tristeza que a consumia. Mesmo assim, ela recebia elogios pelas pinturas, o que lhe trazia uma breve sensação de propósito. Era uma pequena vitória em meio ao turbilhão interno que a dominava.

Com o tempo, a saúde de Pierre começou a deteriorar-se. A doença dele obrigava Jeanne a cuidar do marido e da casa, enquanto tentava sustentar a família com pequenas encomendas de suas pinturas. A pressão se acumulava, e Jeanne sentia que cada esforço era inútil. A miséria parecia inevitável, e o controle que ela buscava na vida lhe escapava por entre os dedos.

Foi nesse momento de profunda angústia que Jeanne começou a trabalhar como voluntária em um orfanato local. Ela oferecia aulas de pintura para crianças carentes, tentando compartilhar um pouco do que ainda restava de sua paixão. Jeanne era vista como uma mulher amável e generosa, uma cuidadora dedicada que se importava com os pequenos. Mas, por trás dessa máscara gentil, uma escuridão silenciosa crescia.

Logo, uma série de mortes inexplicáveis começou a ocorrer entre os bebês sob os cuidados de Jeanne. Inicialmente, ninguém suspeitou dela. A mortalidade infantil era comum naquela época, e as mortes eram atribuídas a doenças. No entanto, à medida que o número de óbitos aumentava, surgiram dúvidas. Como tantas crianças saudáveis podiam morrer tão repentinamente?

A comunidade ficou em choque quando as suspeitas recaíram sobre Jeanne. As pessoas que antes a admiravam agora olhavam para ela com desconfiança. "Não pode ser verdade", murmuravam alguns, incapazes de acreditar que aquela mulher doce pudesse cometer tais atrocidades. Outros, porém, começaram a se lembrar de comportamentos estranhos, da tristeza fria que sempre parecia cercar Jeanne.

Durante o julgamento, Jeanne manteve uma postura serena e indiferente. "Eu não fiz nada de errado", repetia, sua voz calma e vazia de emoção. Mesmo diante das evidências, ela se recusava a admitir culpa. Médicos testemunharam que as crianças haviam sido asfixiadas e que não havia sinais de doenças naturais. A frieza de Jeanne no tribunal deixou todos perturbados.

Enquanto as testemunhas falavam, Jeanne permanecia impassível, como se estivesse assistindo a algo distante e irrelevante. O júri, horrorizado com os detalhes dos assassinatos, não teve dúvidas em condená-la. Ela foi sentenciada à prisão perpétua, onde passaria o restante de seus dias.

Atrás das grades, Jeanne continuou a negar qualquer envolvimento nos crimes. Nunca deu uma explicação clara para as mortes, deixando a dúvida sobre suas verdadeiras intenções. Alguns especialistas sugeriram que ela sofria de um transtorno mental, que a levava a agir de forma dissociada. Outros acreditam que suas ações foram friamente calculadas, motivadas por um desejo insano de exercer controle sobre a vida e a morte.

Os anos na prisão apagaram a luz que restava na alma de Jeanne. Ela abandonou a pintura e parou de buscar conforto na natureza. Seu mundo encolheu, reduzido a paredes de concreto e silêncios intermináveis. A mulher que um dia encontrou paz entre prados verdejantes tornou-se uma sombra do que fora, consumida pela escuridão que ela própria criara.

O caso de Jeanne Weber continua a ser uma fonte de fascínio e horror. Sua história é estudada por criminologistas e psicólogos que tentam entender o que levou uma mulher aparentemente comum a cometer atos tão terríveis. Para alguns, ela foi uma vítima das circunstâncias, levada à loucura por uma vida de sofrimento e abandono. Para outros, ela foi uma assassina fria e calculista, cuja busca por controle ultrapassou todos os limites morais.

Hoje, o nome de Jeanne Weber é lembrado não por sua arte, mas pelas vidas que ela tirou. Sua história permanece como um alerta sombrio sobre a fragilidade da mente humana e a linha tênue entre a normalidade e a violência. Nos dias tranquilos de outono em Le Villars, onde sua história começou, a memória de Jeanne é um lembrete de que, por trás de rostos gentis, podem se esconder as sombras mais profundas.

40. Sombra nas Névoas de St Albans

Nas nebulosas charnecas da Inglaterra, onde a névoa se enrola nas antigas árvores de carvalho e sussurra segredos entre os juncos, a história de Joanna Dennehy começou a ser escrita—um conto sombrio que abalaria o país inteiro. Nascida em 5 de setembro de 1982, na pitoresca cidade de St Albans, em Hertfordshire, nada em seu nascimento indicava o caminho aterrorizante que ela seguiria. Mas por trás da fachada comum de sua infância, crescia uma escuridão que poucos poderiam imaginar.

A casa onde Joanna cresceu era marcada por turbulências. Seus pais viviam um casamento instável, e as constantes discussões e dificuldades financeiras criaram um ambiente pesado e instável. Essa instabilidade deixou marcas profundas na jovem Joanna, que logo começou a se sentir desconectada de sua família. Mudanças frequentes e a sensação de não pertencer a lugar algum alimentaram seu espírito rebelde e inquieto.

Na escola, Joanna não se destacava. Ela mudava de colégio frequentemente, o que a impedia de formar amizades duradouras. Ao longo dos anos, passou a se aproximar daqueles que, assim como ela, rejeitavam as normas sociais. Sua indiferença para com a educação formal se intensificava, e ela abandonou os estudos precocemente, preferindo mergulhar em um estilo de vida mais perigoso e destrutivo.

Como adolescente, Joanna se envolveu no mundo das drogas e do comportamento imprudente. Fascinava-se pelo lado sombrio da vida, desenvolvendo uma obsessão por histórias criminais e a psicologia por trás de atos violentos. Aquela curiosidade inocente logo se transformou em uma fascinação sinistra. Enquanto os outros enxergavam rebeldia em sua atitude, por dentro, ela travava uma batalha com demônios internos que logo tomariam formas mortais.

Os conflitos com sua mãe se tornaram cada vez mais frequentes. Joanna rejeitava qualquer tentativa de controle ou orientação, recusando-se a se adequar às expectativas familiares. Ao entrar na idade adulta, suas escolhas revelavam sinais de uma crise mais profunda. Ela buscava relações tóxicas, atraindo e sendo atraída por parceiros que compartilhavam seu desejo por caos e autodestruição.

Foi nesse período que Joanna conheceu homens que mais tarde se tornariam cúmplices em seus crimes macabros. Com uma habilidade inata para manipular, ela controlava os outros com facilidade, escondendo sua crescente sede de violência sob uma camada de charme. Seus relacionamentos eram intensos e voláteis, marcados por explosões emocionais. Nem mesmo o nascimento de suas duas filhas conseguiu estabilizá-la. A maternidade não trouxe alívio para sua alma inquieta; sua vida continuou girando fora de controle.

A obsessão de Joanna pela violência finalmente transbordou em 2013. Seu primeiro alvo foi Lukasz Slaboszewski, um homem atraído por suas promessas de amizade. Joanna tinha uma capacidade assustadora de fazer as pessoas se sentirem à vontade, mascarando suas verdadeiras intenções com facilidade. Quando chegou o momento, ela o esfaqueou repetidamente, mais tarde se gabando do prazer que sentiu ao matar. "Era como se eu tivesse finalmente o controle", dizia, sorrindo de forma sinistra.

Pouco depois, Joanna assassinou John Chapman e Kevin Lee com a mesma brutalidade. Suas vítimas eram escolhidas aleatoriamente, e os crimes pareciam completamente sem sentido. Os corpos eram descartados de forma negligente, tratados como objetos sem valor. Para Joanna, cada assassinato era uma conquista, e a indiferença que mostrava pelos mortos assustava até aqueles que a conheciam.

Joanna não sentia remorso. Muito pelo contrário—ela se deliciava com o caos que causava. Enquanto a polícia e as comunidades locais tentavam entender a onda de crimes, ela seguia sorrindo e se gabando de seus atos. Quando lhe perguntaram por que havia matado, sua resposta foi fria e direta: "Eu queria ver como era."

A frieza e a falta de empatia chocaram a todos. Os especialistas que a examinaram identificaram sinais claros de psicopatia. Joanna parecia gostar do papel de vilã. Durante o julgamento, enquanto os detalhes horríveis de seus crimes eram revelados, ela ria e zombava da situação, como se tudo não passasse de uma grande piada. Seu comportamento deixava claro que o arrependimento não fazia parte de sua natureza.

A condenação foi inevitável. Joanna foi sentenciada à prisão perpétua sem possibilidade de liberdade condicional. Ao ouvir a sentença, manteve o mesmo sorriso indiferente, como se nada pudesse tocá-la. A sociedade, porém, ficou devastada. A ideia de que uma mulher aparentemente comum, uma mãe, pudesse cometer atos tão monstruosos deixou todos perplexos.

Para as famílias das vítimas, não houve consolo. A perda de seus entes queridos, causada por uma violência tão aleatória e sem sentido, tornou o luto ainda mais insuportável. Em várias comunidades da Inglaterra, a lembrança de Joanna Dennehy tornou-se um fantasma constante, uma sombra que pairava sobre todos.

Após sua prisão, criminologistas e psicólogos passaram a estudar seu caso minuciosamente. Como alguém como Joanna poderia passar despercebida por tanto tempo? Teriam seus crimes sido evitados se houvesse intervenção precoce? Ou sua capacidade para a violência era algo inato, além da compreensão e da redenção?

A história de Joanna Dennehy trouxe à tona questões perturbadoras sobre saúde mental e a responsabilidade da sociedade. Ela mostrou que mesmo os mais sombrios sinais de alerta podem ser ignorados quando a aparência externa engana. Suas ações forçaram uma reflexão profunda sobre a fragilidade da linha que separa a sanidade da loucura e sobre como a violência pode surgir nos lugares mais inesperados.

Hoje, Joanna Dennehy permanece trancada, sem esperança de liberdade. Mas o legado de seus crimes continua a assombrar aqueles que foram tocados por sua brutalidade. Seu nome, antes desconhecido, tornou-se sinônimo de terror—a lembrança de que o mal pode se esconder sob as faces mais comuns e que ninguém está verdadeiramente a salvo das profundezas sombrias da natureza humana.

41. Sorriso Mortal de Jane

N as ruas agitadas da Boston do século XIX, onde o som da indústria ecoava junto com o vento gelado do inverno, vivia uma mulher que entraria para a história como uma das mais infames assassinas dos Estados Unidos. Jane Toppan, conhecida por muitos como "Jolly Jane", carregava um sorriso caloroso e uma presença amigável que escondiam uma alma sombria e cruel. Seu disfarce perfeito era o de uma enfermeira dedicada, mas sua vocação secreta era a morte.

Jane nasceu como Honora Kelley em 31 de março de 1854, em Boston, Massachusetts. Sua infância foi marcada por tragédias. A morte precoce de sua mãe, Brigid Kelley, e o comportamento errático de seu pai, Peter Kelley, levaram Jane e seus irmãos a serem abandonados em um orfanato. A sobrevivência nas ruas duras de Boston e a falta de amor e estabilidade deixaram cicatrizes profundas. Sem carinho ou apoio, ela cresceu aprendendo que o mundo era frio e indiferente.

Adotada pela família Toppan como serva contratada, Jane recebeu um novo nome e uma nova identidade. Sob o teto dos Toppan, ela começou a moldar sua imagem de "Jolly Jane" – uma jovem aparentemente alegre e dedicada. Com um sorriso sempre no rosto e uma disposição amigável, Jane parecia a companhia perfeita. No entanto, sob essa fachada afável, crescia uma necessidade perturbadora de controle e vingança contra um mundo que nunca havia lhe mostrado gentileza.

Com o tempo, Jane encontrou sua vocação na enfermagem, uma profissão que lhe deu acesso àqueles mais vulneráveis: os doentes e os moribundos. Inscreveu-se na escola de enfermagem do Cambridge Hospital, onde rapidamente conquistou a simpatia de pacientes e colegas. Sua habilidade de confortar e sua presença acolhedora fizeram com que todos confiassem nela sem hesitar. Porém, por trás de sua dedicação aparente, Jane descobriu uma nova e sombria paixão: o poder sobre a vida e a morte.

Ela começou a experimentar em seus pacientes, administrando doses letais de morfina e atropina, apenas para observar como suas vítimas oscilavam entre a consciência e o sono profundo, à beira da morte. Em algumas ocasiões, ela as trazia de volta, apenas para repetir o processo. "Era como brincar de Deus", diria mais tarde. A morte era sua arte, e Jane se sentia uma artista poderosa, capaz de manipular vidas com um simples frasco de veneno.

Seus alvos eram principalmente idosos e pacientes que confiavam cegamente nela. Jane matava sem remorso, usando seu conhecimento médico para garantir que os assassinatos parecessem mortes naturais. A astúcia em seus métodos permitiu que ela matasse por anos sem levantar suspeitas. Cada morte era cuidadosamente planejada, e Jane sentia prazer em cada passo do processo.

Mas sua sede de poder não se limitou aos hospitais. À medida que se tornava mais confiante, ela passou a matar pessoas fora do ambiente médico. Amigos, conhecidos e até mesmo membros de sua família adotiva se tornaram vítimas de sua fúria silenciosa. Jane assassinou a esposa de seu senhorio, e em um ato ainda mais perverso, envenenou Elizabeth Brigham, uma amiga próxima. Elizabeth tinha tudo o que Jane desejava: uma vida estável e uma família amorosa. Consumida pela inveja, Jane tirou sua vida e, em seguida, tentou conquistar o marido viúvo, na esperança de assumir o lugar da amiga morta.

Com o tempo, porém, as mortes começaram a chamar a atenção. A sequência de falecimentos ligados a Jane despertou suspeitas. A família Davis, parente de uma das vítimas, exigiu uma autópsia, e os resultados revelaram a verdade: a morte havia sido causada por envenenamento. Finalmente, o véu de inocência que Jane havia mantido por tanto tempo foi rasgado.

A prisão de Jane, em 1901, chocou a nação. Durante o julgamento, a extensão de seus crimes veio à tona, e o público ficou horrorizado ao descobrir que ela havia confessado o assassinato de pelo menos 31 pessoas. No entanto, muitos acreditam que o número real foi ainda maior. Sua confissão era fria e simples, como se tirar vidas fosse tão natural quanto respirar. "Matei porque quis ver como era", declarou ela, sem demonstrar o menor arrependimento.

A defesa tentou argumentar que Jane era insana, apontando para sua infância traumática e seu comportamento perturbador. Os especialistas a descreveram como um exemplo clássico de sociopata, alguém incapaz de empatia, movida apenas por desejos egoístas e pela busca por gratificação pessoal.

O comportamento indiferente de Jane durante o julgamento chocou a todos. Mesmo enquanto ouvia os testemunhos sobre suas vítimas, ela se manteve impassível, como se estivesse ouvindo uma história distante. Foi declarada inocente por insanidade e condenada a passar o resto de sua vida no Hospital Psiquiátrico de Taunton. Lá, ela permaneceu até sua morte, sempre sorridente, ganhando o apelido macabro de "Jolly Jane" entre os funcionários.

O legado de Jane Toppan é um dos mais aterrorizantes da história. Como enfermeira, ela tinha o dever de cuidar dos doentes e proteger os vulneráveis, mas usou essa confiança para satisfazer seus desejos sádicos. Sua história expôs as falhas no sistema de saúde da época, levando a reformas nas verificações de antecedentes e na supervisão de profissionais médicos.

Jane demonstrou que o mal pode se esconder atrás de rostos amigáveis, e que até mesmo aqueles em quem confiamos cegamente podem ter intenções sombrias. Seu caso continua a ser estudado por criminologistas e psicólogos, uma lembrança assustadora de como a humanidade é capaz de navegar entre o cuidado e a crueldade.

O nome de Jane Toppan é agora um aviso sombrio sobre os perigos da confiança cega e da vulnerabilidade humana. Sua história nos obriga a refletir sobre a importância da vigilância, especialmente quando se trata daqueles que não podem se proteger sozinhos. O sorriso alegre de

TTUD AYIR

Jane, que uma vez escondeu sua verdadeira natureza, serve como um lembrete de que o mal pode se disfarçar de bondade, esperando apenas o momento certo para atacar.

42. A Sombra de La Mataviejitas

Nas ruas agitadas da Cidade do México, entre o som de música e o aroma das comidas de rua, uma história sombria começou a se desenrolar, uma história que marcaria para sempre a memória do país. Juana Barraza, uma mulher aparentemente comum, escondeu por trás de uma fachada tranquila uma verdade aterrorizante. Conhecida como "La Mataviejitas" – a assassina de idosas –, Juana deixou um rastro de mortes e medo que chocou a nação.

Juana nasceu em 27 de dezembro de 1957, na pequena e árida cidade de Hidalgo, onde a terra seca e as casas de adobe formavam o cenário de uma vida de dificuldades. Sua infância foi marcada pela instabilidade e pobreza, com seus pais frequentemente mudando de cidade em busca de trabalho. Desde cedo, Juana foi obrigada a crescer rápido, cuidando dos irmãos e assumindo responsabilidades que esmagaram sua inocência infantil.

O relacionamento com sua mãe era tóxico e traumático. Uma mulher alcoólatra e fria, a mãe de Juana cometeu um ato de traição que marcaria sua alma para sempre: ela trocou sua própria filha por algumas garrafas de cerveja, entregando-a a um homem desconhecido. Esse trauma a acompanharia pelo resto da vida, moldando seu ódio silencioso e um profundo sentimento de abandono. Sem apoio emocional e com uma educação interrompida pela necessidade de ajudar em casa, Juana cresceu resiliente, mas sua força escondia um ressentimento crescente.

Ainda jovem, Juana buscou escapar de sua realidade por meio do casamento, mas suas tentativas de encontrar estabilidade fracassaram. Casou-se diversas vezes e teve filhos, mas suas relações eram marcadas por conflitos e dificuldades financeiras. Para sustentar a família, ela assumiu diversos trabalhos, de vendedora ambulante a empregada doméstica. Também encontrou um refúgio temporário na luta livre, onde adotou o nome "La Dama del Silencio" – um apelido que refletia não apenas sua imagem pública, mas também o silêncio interior onde guardava sua dor e ódio.

Embora parecesse uma mulher forte e independente, Juana carregava uma ira silenciosa que não conseguia liberar. Os anos de abuso e abandono se transformaram em um desejo de vingança. As idosas que ela começou a atacar, frágeis e solitárias, tornaram-se para Juana o símbolo de sua própria mãe, aquela que a traiu e destruiu sua infância.

Os assassinatos começaram de forma calculada e discreta. Juana, trabalhando como cuidadora de idosas, usava sua aparência amigável para conquistar a confiança das vítimas. Ela ganhava acesso às suas casas, prometendo ajuda, mas, assim que se sentia segura, atacava sem piedade. Seu método preferido era o estrangulamento, usando cordões, lenços ou qualquer objeto à mão. Após matá-las, roubava pequenos pertences, mas sua motivação era muito mais profunda do que dinheiro: ela buscava o controle e o poder que nunca teve na vida.

Durante anos, entre o final dos anos 1990 e o início dos 2000, Juana aterrorizou a Cidade do México. A polícia, inicialmente, não percebeu que se tratava de uma série de assassinatos conectados. Os casos pareciam aleatórios, e a escolha das vítimas, sempre idosas e solitárias, dificultava a investigação. Juana parecia um fantasma, desaparecendo nas ruas sem deixar rastros. Enquanto isso, o medo se espalhava entre os mais velhos. Casas que antes estavam sempre abertas agora tinham portas trancadas e janelas fechadas. O jornal a apelidou de "La Mataviejitas", e o terror tomou conta das comunidades.

Juana continuou sua rotina dupla com maestria. Para sua família, ela era uma mulher trabalhadora e dedicada, lutando para sustentar seus filhos. Porém, por trás dessa fachada, vivia uma assassina fria e meticulosa, impassível diante do sofrimento das vítimas. Cada assassinato parecia um ato simbólico, como se ela estivesse matando, repetidamente, a figura da mãe que tanto odiava.

Em 2006, a sorte de Juana acabou. Após o assassinato de Ana María de los Reyes, uma testemunha a viu deixando a cena do crime. Com essa descrição, a polícia finalmente conseguiu localizá-la e prender a mulher que havia escapado por tanto tempo. Ao revistar sua casa, encontraram pertences roubados das vítimas, confirmando a terrível verdade. A cuidadora aparentemente inofensiva era, de fato, La Mataviejitas.

Durante o julgamento, a história de Juana veio à tona, revelando um passado de abusos e uma vida marcada por traumas e rejeição. Ela confessou ter matado pelo menos 16 mulheres, mas muitos acreditam que o número de vítimas foi ainda maior, talvez mais de 40. Sua atitude durante o julgamento chocou a todos: ela não demonstrou remorso, relatando seus crimes com frieza, como se falasse de algo banal.

A sociedade mexicana ficou perplexa. Como alguém tão comum poderia cometer crimes tão horríveis? A história de Juana expôs falhas profundas no sistema, revelando como idosos vulneráveis foram deixados desprotegidos e como a seleção e a supervisão de cuidadores precisavam ser repensadas.

Psicólogos forenses apontaram o trauma de infância de Juana como um dos principais fatores para sua transformação em assassina. A combinação de abuso, pobreza e fracassos emocionais criou um ciclo de ódio que ela nunca conseguiu romper. As idosas que matava se tornaram os alvos simbólicos de uma vingança que, no fundo, era direcionada à figura materna que a abandonou.

Hoje, Juana Barraza cumpre pena de prisão perpétua, seu nome gravado na história como uma das assassinas mais infames do México. Sua história não é apenas um relato de terror, mas também um reflexo dos desafios sociais e emocionais que muitas pessoas enfrentam em silêncio. Enquanto a cidade tenta curar as feridas deixadas por seus crimes, a lembrança de La Mataviejitas serve como um aviso sombrio sobre os perigos do abandono e do trauma não resolvido.

TTUD AYIR

A história de Juana não é apenas uma história de assassinatos. É uma lembrança dolorosa de que as cicatrizes do passado, se ignoradas, podem se transformar em sombras devastadoras no presente.

43. A Enfermidade Sob o Jaleco Branco

Na pacata cidade de Northampton, Massachusetts, onde as folhas de outono caem em tons vibrantes e o ar fresco traz a promessa de mudança, Kristen Gilbert parecia uma enfermeira exemplar. Seu uniforme branco simbolizava cuidado, e seu sorriso irradiava calor. Ela se dedicava com afinco aos pacientes no hospital de veteranos da cidade. No entanto, por trás da aparência carinhosa e profissional, Kristen escondia um segredo sombrio que a colocaria entre as assassinas mais infames da história médica dos Estados Unidos.

Kristen Heather Strickland nasceu em 13 de novembro de 1967, na cidade de Fall River, Massachusetts. Seus primeiros anos foram aparentemente comuns, e nada indicava o caminho sombrio que ela escolheria mais tarde. Filha de William e Claudia Strickland, Kristen cresceu em um lar estável ao lado de dois irmãos. Ela era uma aluna brilhante, conhecida por sua habilidade com matemática e ciências, e desde cedo se interessou por medicina, vislumbrando uma carreira na enfermagem.

A vida de Kristen parecia seguir uma trajetória promissora. Ela se formou como enfermeira, casou-se com Glenn Gilbert, também profissional da área de saúde, e juntos construíram uma família. Para os amigos e colegas, Kristen tinha tudo: uma carreira sólida, uma casa confortável e dois filhos saudáveis. No entanto, por trás dessa fachada perfeita, Kristen enfrentava uma pressão crescente. A rotina de mãe e esposa não a satisfazia. A tensão no casamento aumentava, e a frustração profissional começava a corroê-la por dentro.

No hospital de veteranos de Northampton, Kristen encontrou não apenas uma profissão, mas também uma forma de preencher seu vazio interior. O poder que a posição de enfermeira lhe conferia a fascinava – a capacidade de salvar vidas, mas também de tirá-las. O controle que ela exercia sobre seus pacientes lhe proporcionava uma sensação de domínio que compensava sua frustração pessoal. Pouco a pouco, ela começou a manipular os cuidados médicos para provocar crises em seus pacientes. Cada vez que um paciente entrava em colapso, Kristen estava lá, pronta para agir como heroína, absorvendo a admiração dos colegas. Sua arma preferida era a epinefrina, um medicamento que, em doses elevadas, acelera os batimentos cardíacos e pode causar parada cardíaca. Com precisão assustadora, Kristen administrava doses letais em pacientes vulneráveis, criando emergências que ela mesma controlava. Para a equipe médica, ela era uma enfermeira confiável, calma sob pressão e dedicada aos casos mais críticos. Ninguém imaginava que aquelas emergências eram, na verdade, armadilhas mortais planejadas por ela.

Os primeiros casos passaram despercebidos. O hospital lidava frequentemente com pacientes idosos e doentes, muitos deles veteranos de guerra, cujas condições já eram delicadas. No entanto, à medida que o número de mortes inesperadas aumentava, surgiram dúvidas entre os funcionários. Algumas enfermeiras começaram a comentar em silêncio: por que tantos pacientes morriam quando Kristen estava de plantão?

O hospital ficou em alerta. Em 1996, as autoridades iniciaram uma investigação detalhada. Kristen, percebendo que a rede começava a se fechar, tentou manter a calma, mas os sinais de sua culpa começaram a surgir. Documentos adulterados e padrões suspeitos nas emergências revelaram que havia algo errado. Colegas que antes confiavam cegamente nela começaram a desconfiar. A atmosfera no hospital mudou, e o nome de Kristen Gilbert logo seria ligado aos estranhos eventos.

Kristen foi presa, e seu julgamento atraiu a atenção nacional. O público ficou horrorizado ao descobrir que uma enfermeira, alguém em quem se confiava para cuidar dos mais vulneráveis, havia usado essa confiança para matar. A revelação de que Kristen havia assassinado pacientes não para lucro ou vingança, mas pelo simples prazer de manipular a vida e a morte, deixou todos perplexos.

No tribunal, Kristen manteve uma postura fria e controlada, mesmo diante das provas esmagadoras contra ela. Quando confrontada com seus atos, ela não demonstrou arrependimento. Sua motivação era simples e perturbadora: ela queria atenção, controle e a emoção de estar no centro do caos. Durante o julgamento, uma frase sua ressoou profundamente: "Eu queria ver até onde eu poderia ir."

Em 2001, Kristen Gilbert foi condenada por quatro assassinatos e duas tentativas de assassinato. Ela recebeu a sentença de prisão perpétua sem possibilidade de liberdade condicional. Sua condenação foi um marco na história médica, revelando a vulnerabilidade do sistema de saúde e a necessidade de maior supervisão e monitoramento dos profissionais da área.

As consequências de seus crimes reverberaram em hospitais de todo o país. Protocolos foram revisados, e novos sistemas de controle foram implementados para evitar que uma tragédia semelhante se repetisse. O caso também despertou discussões sobre a importância de avaliações psicológicas mais rigorosas para profissionais de saúde, buscando identificar sinais de comportamento perigoso antes que eles se manifestem.

Aqueles que trabalharam ao lado de Kristen sentiram-se traídos. A enfermeira que um dia parecia tão dedicada e compassiva revelou-se uma predadora, que usava a confiança dos pacientes para satisfazer seus impulsos sombrios. Sua família também foi devastada pela descoberta, lutando para aceitar que a mulher que amavam era capaz de tais atos.

Hoje, Kristen Gilbert permanece em uma cela de prisão, sua vida reduzida a um capítulo sombrio na história criminal dos Estados Unidos. Sua história é um lembrete perturbador de que o mal pode se esconder por trás das aparências mais inocentes. Ela explorou a fragilidade de um sistema destinado a proteger os vulneráveis, transformando-o em seu próprio palco de manipulação e morte.

A história de Kristen ainda desperta reflexões. Como alguém tão confiável pôde cometer crimes tão atrozes? Quais sinais foram ignorados? E o que pode ser feito para evitar que algo assim aconteça novamente? Essas perguntas continuam a ecoar, mesmo anos após sua condenação.

Kristen Gilbert não será lembrada por sua dedicação à enfermagem, mas por sua traição devastadora. Seu legado é uma advertência contra a confiança cega e um apelo à vigilância. O nome dela ficou gravado na história, não como uma heroína da saúde, mas como um exemplo aterrorizante do que acontece quando a busca por controle e atenção se transforma em destruição.

• • • •

• • • •

Milton Keynes UK
Ingram Content Group UK Ltd.
UKHW030103081124
450874UK00001B/75

9 798224 667802